APA POCKET GUIDES

LONDON

APA PUBLICATIONS

FESTIVAL PIER
Nº6 PLA
Old London

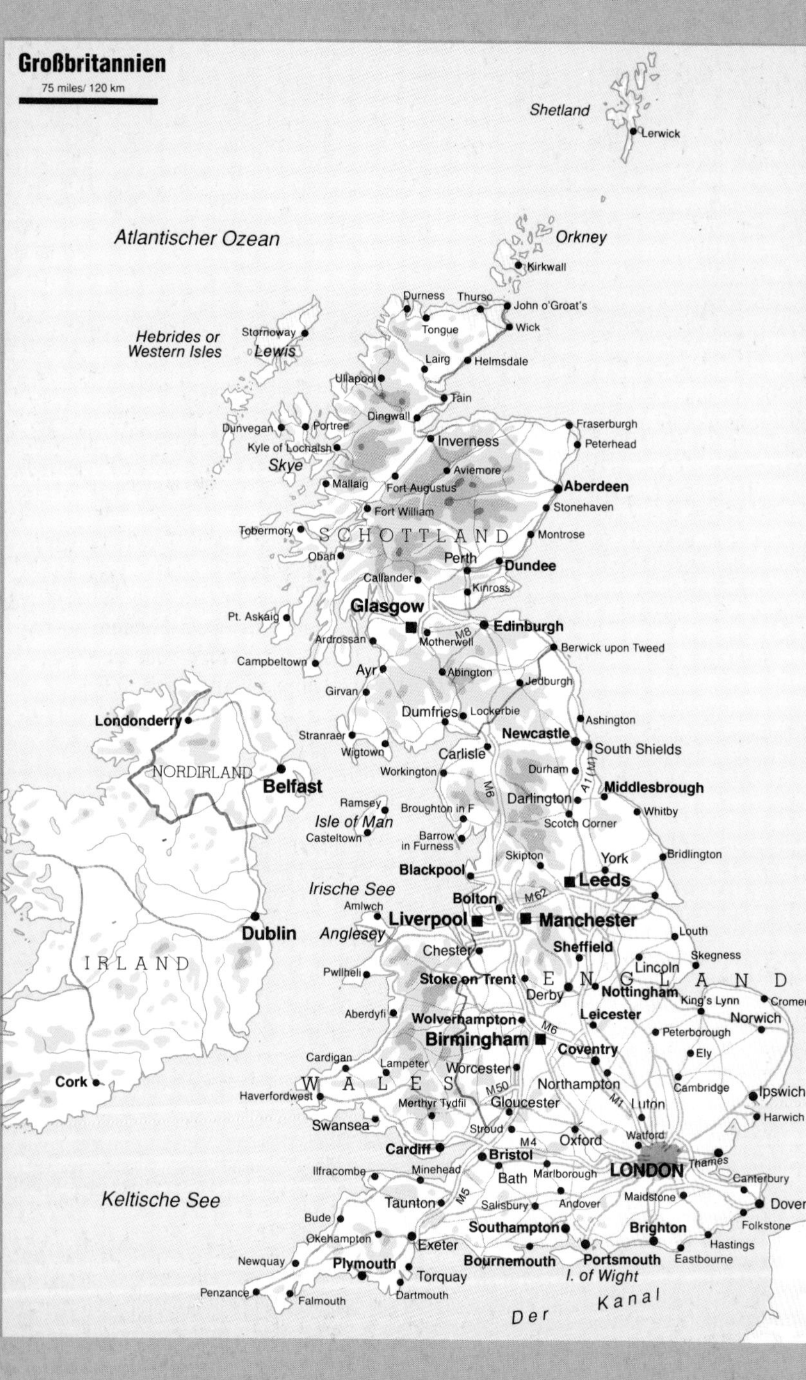

Großbritannien
75 miles/ 120 km
Shetland
Lerwick
Atlantischer Ozean
Orkney
Kirkwall
Durness
Thurso
John o'Groat's
Wick
Tongue
Hebrides or
Western Isles
Stornoway
Lewis
Lairg
Helmsdale
Ullapool
Tain
Dingwall
Dunvegan
Portree
Fraserburgh
Inverness
Peterhead
Kyle of Lochalsh
Skye
Aviemore
Mallaig
Fort Augustus
Aberdeen
Stonehaven
Fort William
Tobermory
SCHOTTLAND
Montrose
Oban
Perth
Dundee
Callander
Kinross
Glasgow
Pt. Askaig
Edinburgh
M8
Ardrossan
Motherwell
Berwick upon Tweed
Campbeltown
Ayr
Abington
Jedburgh
Girvan
Londonderry
Dumfries
Lockerbie
Ashington
Stranraer
Newcastle
South Shields
Wigtown
Carlisle
NORDIRLAND
Workington
Durham
Belfast
M6
A1(M)
Middlesbrough
Darlington
Ramsey
Whitby
Broughton in F
Isle of Man
Scotch Corner
Castletown
Barrow
in Furness
Skipton
York
Bridlington
Blackpool
Leeds
Irische See
Bolton
M62
Amlwch
Liverpool
Manchester
Dublin
Anglesey
Louth
Chester
Sheffield
Skegness
Lincoln
IRLAND
Pwllheli
Stoke on Trent
ENGLAND
Derby
Nottingham
King's Lynn
Cromer
Aberdyfi
Wolverhampton
Leicester
Norwich
Birmingham
M6
Peterborough
Coventry
Ely
Cardigan
Lampeter
Worcester
WALES
Northampton
Cambridge
Ipswich
Cork
Haverfordwest
Merthyr Tydfil
M50
Gloucester
M1
Luton
Harwich
Swansea
Stroud
Watford
Cardiff
M4
Oxford
Bristol
Thames
LONDON
Ilfracombe
Minehead
Bath
Marlborough
Canterbury
Keltische See
Taunton
M5
Salisbury
Andover
Maidstone
Dover
Bude
Southampton
Brighton
Folkstone
Okehampton
Exeter
Hastings
Newquay
Plymouth
Bournemouth
Portsmouth
Eastbourne
Torquay
I. of Wight
Penzance
Falmouth
Dartmouth
Der Kanal

Grüß Gott!

Ob Sie zum ersten- oder zehntenmal in die Metropole kommen – London fasziniert immer. Hier nahm das britische Empire Gestalt an, lagern große Schätze der Weltkulturen, schlägt das Herz des modernen Großbritannien. Vom Cockney East Ender bis zu den zahllosen asiatischen, afrikanischen oder westindischen Gruppen prägt ein buntes Völkergemisch die Stadt.

Zwei London-Korrespondenten der Apa Guides, die seit Jahrzehnten Wohl und Wehe der Metropole miterleben, werden Ihnen zu einem vertieften Verständnis von Geschichte und Gegenwart Londons verhelfen.

Roland Collins ist ein renommierter Historiker, Autor verschiedener Bücher und ein Mann mit künstlerischen Ambitionen. Der intime Kenner der Stadt und ihrer Bewohner liebt sein London und nimmt den Leser mit auf seine Streifzüge vom angestammten Domizil an der Tottenham Court Road. Ich kenne Roland als Führer, der das bewährte Alte schildert und offen ist für immer wieder neue Entdeckungen. Sie haben einen kenntnisreichen Begleiter für Ihre Londoner Tagestouren gefunden.

Beverly Harper ist die London-Korrespondentin der Apa Guides, die unseren Lesern die besten Adressen für den guten Einkauf, das stilvolle Abendessen in der multikulturellen Metropole und das interessante Nachtleben vermittelt. Sie ist für das Londoner Stadtmagazin Time Out und die Sunday Times in gleicher Sache unterwegs und sitzt daher an der Quelle. In ihrer Auswahl kommt das klassische London-Angebot genauso zur Geltung wie die aktuellen Trends. Sie können sich ihren Tips getrost anvertrauen.

Hans Höfer

Hans Höfer
Verleger und Herausgeber

INHALT

Geschichte & Kultur

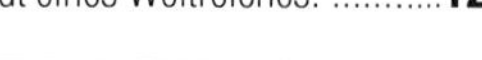

Tagestouren

Die Touren zeigen Ihnen die Stadt und führen Sie zu vielen bemerkenswerten Sehenswürdigkeiten, mit Tips und Adressen zum Essen und Einkaufen.

Seite 2/3: Blick von der Waterloo Bridge

Wahlprogramm

Seite 10/11: Detail der Houses of Parliament

London
320 m/ 0,2 miles
nach Hampstead und Camden Town
King's Cross Station
St. Pancras Station
Euston Station
Open Air Theatre
Bedford College
Euston Tower
Holy Trinity
University College
Mme. Tussaud's
Academy of Music
BLOOMSBURY
University
Post Office Tower
BBC
British Museum
Richtung Paddington Station
Wallace Collection
ST. GILES
Freemasons Hall
Selfridges
Palladium
SOHO
Leicester Square
Royal Opera House
MAYFAIR
Covent Garden
Roosevelt Memorial
zum Notting Hill Gate und zur Portobello Road
National Portrait Gallery
Somerset House
Museum of Mankind
Piccadilly Circus
Royal Academy
St. Martin-in-the-Fields
National Gallery
Charing Cross Station
Cleopatra's Needle
Trafalgar Square
Queen Elizabeth Hall
ICA
Whitehall Admiralty
Banqueting House
Royal Festival Hall
Hyde Park
Achilles
Apsley House
St. James's Palace
Marlborough House
Lancaster House
St. James's Park
Richtung Harrods und Brompton Oratory
Wellington Arch
Constitution Hill
Buckingham Palace
Queen Victoria Memorial
Government Offices
County Hall
Palace Gardens
Birdcage Walk
Westminster Bridge
Queen's Gallery
Wellington Barracks
Westminster Abbey
Houses of Parliament
St. Thomas Hospital
Royal Mews
New Scotland Yard
Thames
Victoria Station
Westminster Cathedral
Lambeth Palace
BELGRAVIA
nach Chelsea und zur King's Road
Lambeth Bridge

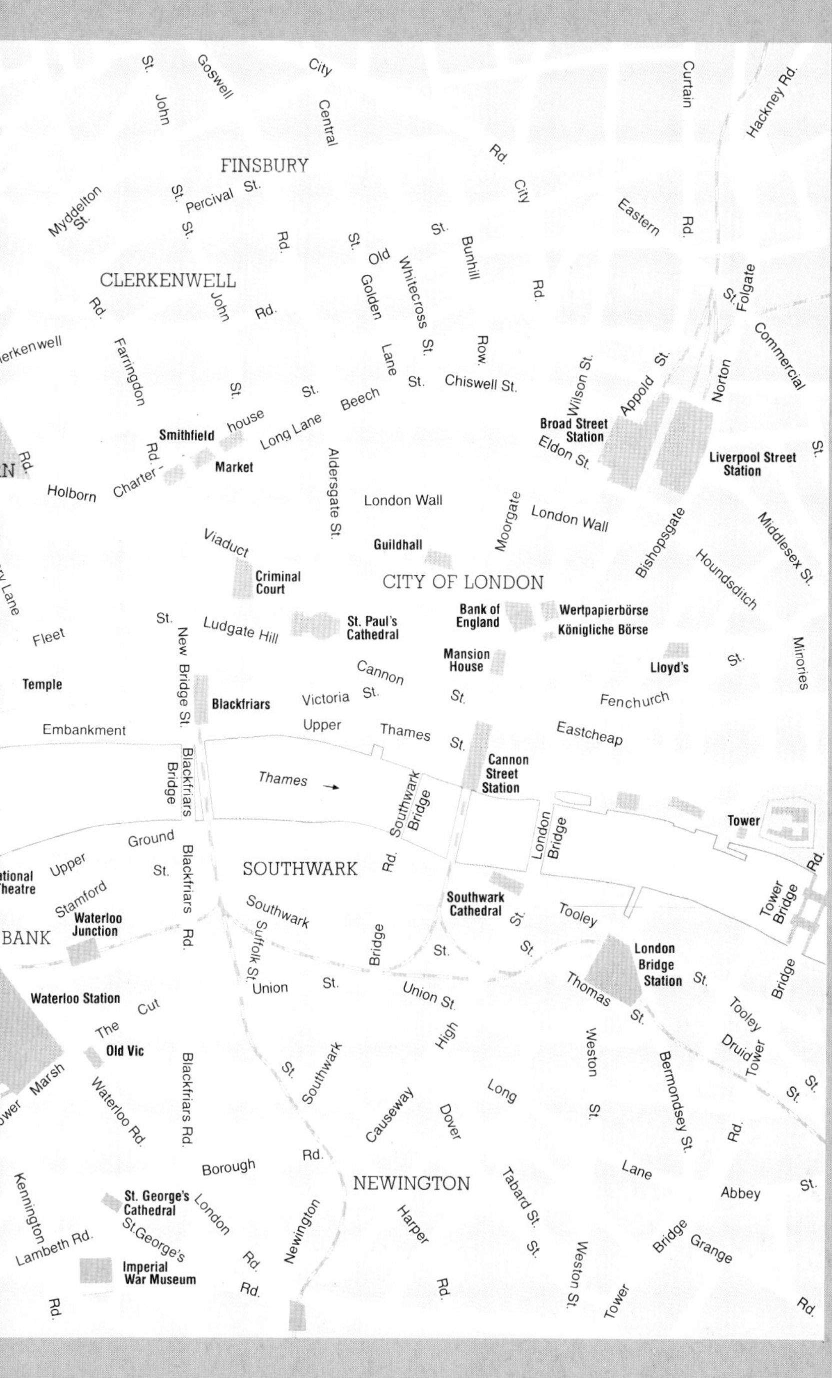

FINSBURY
CLERKENWELL
CITY OF LONDON
SOUTHWARK
NEWINGTON
Smithfield
Market
Broad Street
Station
Liverpool Street
Station
Guildhall
Criminal
Court
Bank of
England
Wertpapierbörse
Königliche Börse
St. Paul's
Cathedral
Mansion
House
Lloyd's
Temple
Blackfriars
Cannon
Street
Station
Tower
Thames
Southwark
Cathedral
London
Bridge
Station
Waterloo
Junction
Waterloo Station
Old Vic
St. George's
Cathedral
Imperial
War Museum

1. Akt: Ein Hügel am Fluß

London macht aus seiner Geschichte kein Geheimnis. Das wird nirgends deutlicher als auf dem flachen Hügel am nördlichen Themseufer in der Nähe des Tower. Hier stehen unübersehbar die Überreste einer Stadt, die vor 2000 Jahren von den aggressiven Imperatoren aus Südeuropa, den Römern zur Zeit des Herrschers Claudius, gebaut wurde. Die Römer brachten Zivilisation in die Wildnis, Licht in die keltische Dunkelheit.

Den Trinity Square beherrschen – Jahrhunderte der Vernachlässigung und Zerstörung zum Trotze – die Ruinen einer Mauer, die die Römer zur Verteidigung ihrer Stadt errichteten. Anderswo schlängelt sich die Mauer durch das Gewirr viktorianischer Gassen oder liegt begraben unter den modernen Straßen. Sie war zweifellos ein dringend benötigter Schutz. Wie es sich für die Hauptstadt von Britannia, wie die Römer Britannien nannten, gebührte, besaß London viele prächtige, öffentliche Gebäude. Das Beste der ausgegrabenen Überreste wird im Museum of London ausgestellt (siehe *4. Tag: Tower und City*).

Gegen Ende des 3. Jahrhunderts begann sich die politische Situation auf dem Kontinent auch auf London auszuwirken. Angesichts

Kunstvolle Wiedergabe des Römischen Londinium

der aus Nordeuropa einfallenden Horden räumten die Römer schließlich im Jahre 410 die Garnison. Die Gebäude und die Gesellschaft zerfielen, aber nach diesem Rückschlag stieg London unter den Sachsen wieder zu Glanz und Gloria auf.

Licht in düsteren Zeiten

200 Jahre lang verweist kein einziger schriftlicher Eintrag mehr auf London. Das änderte sich erst, als St. Augustin gesandt wurde, um ein Bistum zu gründen, und Ethelbert die erste St. Paul's Cathedral errichtete. Von der angelsächsischen Baukunst ist kaum ein Stein geblieben, aber das Sutton Hoo Schiffswrack im British Museum zeugt von nicht unerheblichem handwerklichen Können.

Trotz eines frühen Sieges über die Dänen durch Alfred, König von Wessex, und dessen Weitblick beim Neubau der Mauer, mußte sich London schließlich den Invasoren aus dem Norden geschlagen geben. Sweyn und später Knut wurden in ihrem Palast in Aldermanbury gekrönt. Nachdem Eduard der Bekenner 1042 den Thron bestiegen hatte, zog der Hof nach Westminster, und der Wiederaufbau der Abtei aus dem 10. Jahrhundert begann. Von nun an wurden hier Englands Könige gekrönt, verheiratet und begraben.

Der Sieg Wilhelm des Eroberers hatte nicht nur militärische Bedeutung, sondern beeinflußte Kunst, Kultur, Literatur, Architektur und Gesetzgebung der ganzen Nation grundlegend.

Wilhelms Bauprogramm setzte Prioritäten im militärischen Bereich. Sein White Tower wurde schon 1097 fertiggestellt. Der monolithische Block wurde durch spätere Mauern, Bollwerke und Kuppeln aufgelockert. Nach dem Feuer von 1097 wurde ein neues St. Paul's gebaut; Westminster Hall im Westminster Palace entstand zehn Jahre später.

The Frozen Thames" von Abraham Tondius

Aus allen Nähten platzend

Unter den Normannen wurde London rasch zu einem Handelszentrum. In den nächsten zwei Jahrhunderten entwickelte es sein typisches Gewirr von engen Gassen und kleinen Sträßchen.

Innerhalb der Stadtmauern drängten sich nun schon an die 25000 Menschen. Sie wohnten in Fachwerkhäusern und beteten in den über 100 Kirchen, kauften Fleisch und Fisch im Stocks Market, wo heute das Mansion House steht, erstanden Geflügel, Brot und Milch in den Straßen, deren Namen noch an den gewaltigen Marktplatz Cheapside erinnern. Mit der Guildhall, Sitz der Stadtregierung und wichtigster Versammlungsplatz, überdauerte ein bedeutendes öffentliches Gebäude aus dem frühen 15. Jahrhundert. Mit einem neuen Dach und einer neuen Fassade versehen, spiegelt es auch heute noch Macht und Einfluß der Händler wider.

Westlich der Stadt organisierten sich die Rechtsgelehrten in den sogenannten Inns of Court, die den heutigen Colleges der Universitäten nicht unähnlich waren: Temple, Lincoln's Inn, Clifford's Inn und Gray's Inn nördlich von Holborn. Chaucer studierte vermutlich in den Inns of Court. 1389 war der Autor der *Canterbury Tales* Clerk of the King's Works in einer Stadt mit 50000 Einwohnern. Zweifellos tat der Schwarze Tod im Jahre 1348 das Seinige, um den alarmierenden Bevölkerungszuwachs einzudämmen – und erreichte auf seine Art das, was die Stadtbehörden vergeblich versucht hatten. Der Druck der Behörden blieb ohne Erfolg, London war über die Stadtmauern hinausgewachsen.

Lesen, Schreiben und Bauen

Die zunehmende Alphabetisierung blieb mit dem Bevölkerungswachstum im Gleichschritt. William Caxton, ein ehemaliger Lehrling eines Textilhändlers, eröffnete 1476 in Westminster eine Druckerei. Unter königlicher Protektion druckte er 80 Bücher, darunter die bekannten *Canterbury Tales* und *Morte d'Arthur*. Sein Werk wur-

de von Wynkyn de Worde in der *Fleet Street* weitergeführt, wo auch die ersten Bücher in englischer Sprache erschienen. Damit begann sich die Fleet Street zu dem zu entwickeln, was sie in den folgenden Jahrhunderten lange Zeit bleiben sollte, die Heimat der Zeitungen.

Heinrich VII. ließ 1503 die erste vollständige Kirche im spätgotischen oder Late Perpendicular Style errichten – ein Meisterwerk, für das Wren jedoch nur ein abschätziges Urteil übrig hatte: „Stückwerk". Es war dann Heinrichs Sohn, Heinrich VIII., der London die wohl tiefgreifendsten Veränderungen in seiner Geschichte bescheren sollte. Nach seinem Bruch mit Rom ging der Monarch daran, die allgegenwärtige Macht des Papstes in England endgültig zu brechen, wobei er ganz zufällig erkleckliche Summen für seine Privatschatulle erwirtschaftete. Die Auflösung der Klöster 1536 brachte ihm bedeutende Einkünfte und Besitztümer, die er verkaufen oder an seine engsten Vertrauten verschenken konnte. Die Klöster der Stadt wurden bald durch Privathäuser ersetzt. Der St. James's Palace machte einem Leprakrankenhaus Platz; Lord North baute ein Herrenhaus, wo früher das Charterhouse seinen Platz hatte; die Residenz von Kardinal Wolsey wurde schließlich der Kern des Whitehall Palace. Die Abteiländereien des Hyde Park wurden in ein königliches Jagdgebiet umgewandelt.

Londons „Goldenes Zeitalter"

Mit der Thronbesteigung Elisabeth I. im Jahre 1558 begann Englands „Goldenes Zeitalter". Es war nicht nur ein Höhepunkt der englischen Geschichte, sondern zugleich auch ein Höhepunkt in der Geschichte Londons. Ein Zeitgenosse, ein Adoptivsohn der Stadt, leistete dabei einen überragenden Beitrag dazu: William Shakespeare. Nachdem die Stadtväter seine Dramen mit einem Spielverbot belegt hatten, tat er sich mit Ben Jonson, einem anderen, befreundeten Autor zusammen, um am Südufer, gegenüber von St. Paul's, ein Theater zu eröffnen. Hier konnten die Londoner ihren Hunger nach Unterhaltung stillen. Die reetgedeckten Theater – *The Rose, The Hope, The Globe* – leben heute nur noch in den Namen der Straßen und Gassen weiter, aber die alte Tradition verspricht, daß schon bald wieder Schauspieler auf der Bühne des neuen Globe zu sehen sein und gefeiert werden.

Lincoln's Inn, Heim des Gesetzes

St. Paul's Cathedral

Unter Elizabeth I. wurden die ersten Baugesetze zur Unterbindung der beginnenden Grundstücksspekulation entworfen, da die Bevölkerungszahl von 50000 im Jahr 1530 auf bereits 225000 gegen Ende des 16. Jahrhunderts sprunghaft angestiegen war. Die Gesetze waren aber nicht effizient genug, und so wurden die früheren Klostergüter und -gärten mit weiteren Mietskasernen zugebaut.

Die Nachfolge einer Persönlichkeit wie Elizabeth I. antreten zu müssen, war ein undankbares Geschäft. James I. aber bewies zumindest hervorragendes Gespür mit seiner Wahl von Inigo Jones als Surveyor to the King's Works, einer Art königlicher Hofbaumeister. Jones brachte mit seiner eigenwilligen Interpretation der stilistischen Strenge des italienischen Architekten Palladio eine ganz individuelle Qualität in seine Entwürfe. Davon hat besonders das Queen's House in Greenwich profitiert, ein Gebäude, das für den damaligen Geschmack geradezu unerhört modern gewesen sein muß. Das Banqueting House in Whitehall, mit dem in London der Portlandstein eingeführt wurde, und die Queen's Chapel in St. James's bestätigen ebenfalls den bahnbrechenden Charakter seiner Architektur. In Covent Garden schuf er den Prototyp eines typischen Merk-

The Queen's House, heute das Maritime Museum in Greenwich

mals der Londoner Stadtlandschaft – den Square. Der Platz in Covent Garden wurde leider durch den später angesiedelten Markt und den Verlust der Häuser mit ihren Bogengängen zerstört. Jones' „feinste Scheune Europas" dominiert jedoch immer noch die Westseite.

Um 1600 kämpfte London mit den Geistern, die es selbst gerufen hatte. Die Wasserknappheit, die als offene Kanalisation dienende Themse, heruntergekommene und hoffnungslos überbelegte Mietskasernen, sie alle trugen zu einer Situation bei, in der die Katastrophe vorprogrammiert schien. Ein einzelner Mann, der Goldschmied und Bankier Hugh Myddleton, brachte zunächst auf seine eigenen Kosten, später mit der Unterstützung James I., in einem „Neuen" Fluß frisches Wasser von Hartfordshire nach London. Ein Tropfen auf den heißen Stein.

Pest und Feuer

1665 schaffte die Pestepidemie, was die Stadtregierung vergebens versucht hatte – das Bevölkerungswachstum zu stoppen. 100000 Menschen starben und wurden eiligst in Pestgruben verscharrt. Schon ein Jahr später wurde die City – zwischen Tower und Temple – von einer Feuersbrunst heimgesucht. 13200 Häuser, 87 Kirchen und 44 Zunfthäuser fielen den Flammen zum Opfer. Die gotische St. Paul's Kirche wurde so stark zerstört, daß eine Reparatur unmöglich war.

Die Reichen kehrten nie in die Stadt zurück, und der Zug in die westlichen Suburbs verstärkte sich, als Landbesitzer ihren Grund und Boden für die Bebauung zur Verfügung stellten. Dennoch nahmen die Ratsherren der Stadt London die erneute Herausforderung an – London sollte wieder aufgebaut werden. Freilich behielten sie bei dieser Entscheidung auch immer ihre eigenen Interessen im Auge. Christopher Wren, königlicher Baumeister, wurde mit der überaus brisanten Aufgabe betraut. Es erwies sich für den Architekten als sehr schwierig, Entwürfe zu präsentieren, auf die sich die Ratsherren mit ihren widerstreitenden Interessen und Vorlieben auch einigen konnten. Wrens origineller Plan sah einen größeren Platz vor, von dem – ähnlich wie in

Sonnenuntergang über der modernen City

Paris – breite Boulevards sternförmig abgingen, sowie lange Kais anstelle des verwirrenden Labyrinths von Landungsstegen. Dieser Entwurf wurde angesichts des dringenden Bedarfs an Häusern, Läden und Werkstätten verworfen.

Phoenix aus der Asche

Da die Gelegenheit zur radikalen Neugestaltung der Stadtlandschaft verpaßt worden war, entstand also das „neue" London mit demselben Straßenmuster wie vorher. Für seine außergewöhnliche Kreativität fand Wren ein anderes Betätigungsfeld: Kathedralen und Pfarrkirchen, von denen er sage und schreibe 50 Stück baute. Diese Kirchen, jede einzelne durch einen Turm gekennzeichnet und jede mit einer eigenen Ausstrahlung, sind bis in die heutige Zeit die herausragenden architektonischen Meisterwerke der Stadt, auch wenn ihre Zahl durch Zerstörung und Vernachlässigung dezimiert wurde. St. Paul's, 1675 begonnen, sozusagen die Mutter der kleinen Kirchen, wurde das unumstrittene Meisterwerk eines Mannes, der 49 Jahre alt war, als er den ersten Entwurf vorlegte, und 79, als die fertige Kathedrale vom Parlament abgesegnet wurde.

Im 18. Jahrhundert bekam London ein völlig neues Gesicht, charakterisiert durch die Straßen und Plätze in Bloomsbury und Mayfair. Gegenüber dem neuen palladianischen Gebäude der Bank of England entstand das Mansion House, die offizielle Residenz des Lord Mayor, des Oberbürgermeisters von London. Die Guildhall wurde mit einer neuen Fassade aufgemöbelt und imposante Hospitäler wie St. Bartholomew entstanden.

Whitehall wurde von der Regierung in Beschlag genommen. Der vom Hofe verlassene königliche Palast wurde in einen „Palast des Volkes" verwandelt, umgeben von öffentlichen Verwaltungs- und

Justizgebäuden. Die Vorhut bildeten die Barracken der Horse Guards, es folgte der neue Sitz der Admiralität, wo die Lords, wenn nicht über dann aber gleich neben den Büros wohnten, und der Schatzmeister zog in das ehemalige Tudor Cockpit. Die Marine fand ein neues, etwas abgelegenes Heim im Somerset House, das von Sir William Chambers entworfen worden war.

...doch die im Dunkeln sieht man nicht

Bei der ersten Volkszählung Londons im Jahre 1801 kam man schon auf knapp eine Million Einwohner heran. Die Londoner begannen, aus der City zu flüchten und strömten nach Westminster, Holborn, St. Marylebone, St. Pancras sowie Southwark, Lambeth und Bermondsey auf der Südseite des Flusses. London wandte dem East End den Rücken zu. Entstanden aus planloser Bebauung am Fluß entlang durch Wapping und mit seinen Straßen nach Essex, bot sich das East End als erste Station der Einwanderer und Asylsuchenden geradezu an. Die Situation wurde durch den Bau der Docks, dem ganze Gemeinden zum Opfer fielen, noch verschlimmert. Im Jahre 1825 kostete allein das St. Katherine's Dock, heute ein Yachthafen am Tower, ganze 1250 Häuser. Die Bewohner wurden einfach in die angrenzenden Viertel vertrieben. Die Slums hatten in London Einzug gehalten.

Parade der Horse Guards

Nördlich und westlich von London glänzte im frühen 19. Jahrhundert die andere Seite der Medaille. Hier spiegelte sich der neue Wohlstand in den komfortablen Vierteln wider. Die Herrenhäuser und Parks zeugten von der Wertsteigerung, die die knappe Ware Grundbesitz als Folge der steigenden Bevölkerungszahlen erfahren hatte.

John Nash, der Architekt des Prinzregenten, schuf mit Regent's Park eine Gartenstadt der Villen und Terrassenhäuser ausschließlich für die Reichen. Ein Prachtboulevard verband sie mit dem königlichen Palais in Carlton House in der Nähe vom Charing Cross. Schließlich verlangte dann ein Kompromiß, daß die versprochenen 26 Villen auf nur acht reduziert wurden und das ursprünglich geplante Rund des Park Crescent nur halbrund ausgeführt werden konnte. Carlton House selbst wurde abgerissen und machte der Carlton House Terrace Platz.

Die Stadtbehörden hatten schon seit geraumer Zeit über eine Verbesserung der Verkehrswege nachgedacht. Insbesondere zog man den Bau neuer Brücken in Erwägung. Die Waterloo, Southwark und Vauxhall Brücken entlasteten die bestehenden Westminster und Blackfriars Brücken. Die mittelalterliche London Bridge wurde 1831 endgültig zugunsten einer neuen Brücke flußaufwärts aufgegeben.

Im Jahre 1841 brachten Züge der London und Blackwall Railway die ersten Pendler in die Fenchurch Street in der City. Weitere Bahnhöfe so nahe am Stadtzentrum waren jedoch nicht erlaubt, aber der Bau von zusätzlichen Schienenkilometern durch die Wohnviertel bedeutete doch den Abriß Tausender von Häusern und schuf damit enorme Slumgebiete.

Das Innere des Lloyds Gebäudes

Der Bahnhof Paxtons Crystal Palace, der für die Weltausstellung 1851 im Hyde Park gebaut wurde, kann als ein weiterer Meilenstein angesehen werden. Sein Entwurf, nur auf einem Löschblatt hingekritzelt, ist so berühmt geworden wie die Skizze eines Leonardo.

Die für uns heute so selbstverständliche Stadtlandschaft Londons mit ihren markanten Wahrzeichen bildete sich nur langsam und schrittweise heraus. Die viktorianischen Umgehungsstraßen wie die Embankment, die Victoria Street und die Chelsea Embankment entlasteten die überfüllte Innenstadt. Der Holborn Viadukt verband die Hügel des Fleet Valley. Die Shaftesbury Avenue und die New Oxford Street schlugen Breschen durch die Wildnis von St. Giles. „Dwellings“ erschienen, als Philantropen wie der Amerikaner George Peabody das schändliche Problem von Londons Armut in Angriff nahmen. Das neue London County Council regierte eine Stadt, die aus allen Nähten zu platzten drohte.

Die Quadratmeile der ursprünglichen „City“, das Handelszentrum der Nation, bleibt zurück, isoliert nicht durch eine römische Mauer, sondern durch eine Mauer unantastbarer Privilegien. Ein Anachronismus des heutigen 20. Jahrhunderts. Die City aber ist ein Tier, das noch die Zähne zeigen kann. Wie anders ist das neue Lloyds Gebäude zu verstehen, das seine Eingeweide nach außen kehrt, und die zaghaften Londoner in Angst und Schrecken versetzt.

Zeittafel

43: Die Römer gründen Londinium.
60: London wird von Boadicea zerstört und in Brand gesteckt.
1065: Die Westminster Abbey wird von Eduard dem Bekenner eingeweiht.
1066: Wilhelm der Eroberer wird in der Westminster Abbey gekrönt.
1097: Fertigstellung des Turms von Londons White Tower.
1190: London hat erstmals einen Bürgermeister.
1215: Die Magna Carta wird unterzeichnet.
1265: Erstes englisches Parlament.
1269: Die neue Westminster Abbey wird eingeweiht.
1348: Beginn des Schwarzen Todes, 60000 Menschen – die Hälfte der Londoner Bevölkerung – sterben.
1476: Caxton stellt seine erste Druckerpresse in Westminster auf.
1509: Henry VII. baut St. James's Palace.
1536: Henry VIII. treibt die Auflösung der Klöster voran.
1558: Thronbesteigung von Elizabeth I.
1585: William Shakespeare kommt nach London.
1588: Vernichtung der Spanischen Armada durch Sir Francis Drake.
1598: Bau des Globe-Theaters.
1605: Guy Fawkes versucht das Unterhaus in die Luft zu jagen.
1625: Inigo Jones stellt das Banqueting House fertig.
1631: Entwurf des Covent Garden.
1635: Inigo Jones' Queen House in Greenwich ist fertiggestellt.
1649: Charles I. wird vor dem Banqueting House hingerichtet.
1660: Wiederherstellung der Monarchie, Charles II. wird König.
1665: Die Große Pest, insgesamt sterben 100000 Menschen.
1666: Das Große Feuer von London, die Hälfte der Stadt fällt den Flammen zum Opfer.
1666–1723: Christopher Wren baut St. Paul's und insgesamt 51 andere Kirchen.
1806: Nelson wird in St. Paul's begraben.
1815: John Nash plant den Regent's Park, Regent Street und The Mall.
1824: Die Gründung der National Gallery.
1829: Erste Polizeieinheiten entstehen und von Pferden gezogene Busse werden eingeführt.
1835: Die Bauarbeiten am Unterhaus werden begonnen.
1836: Londons erste Eisenbahnlinie wird eröffnet.
1837: Krönung Königin Victorias, der Buckingham Palace wird ihre offizielle Residenz.
1843: Die Nelson's Column wird aufgestellt.
1847: Das British Museum wird vollendet.
1851: Die Great Exhibition findet im Hyde Park statt.
1866: Londons erste Untergrundbahnlinie wird eröffnet.
1894: Die Tower Bridge wird fertiggestellt.
1905: Harrods öffnet seine Tore.
1914–18: Erster Weltkrieg.
1926: Der Generalstreik.
1939–45: Zweiter Weltkrieg. Durch deutsche Luftangriffe wird ein Großteil der City und des East End zerstört.
1951: Festival of Britain, die Festival Hall wird eröffnet.
1952: Krönung Elisabeth II.
1956: Der Beschluß des Clean Air Act (Saubere Luft Gesetz) setzt dem Smog ein Ende.
1965: Der Post Office Tower wird in Betrieb genommen.
1973: New London Bridge.
1976: Erste Vorstellung im National Theatre.
1981: Das höchste Gebäude Londons, der 192 Meter hohe NatWest Tower, wird fertiggestellt
1986: Greater London Council wird aufgegeben. Das Lloyds Gebäude wird fertiggestellt.
1991: Canary Wharf, Londons größtes Gebäude, wird in den wiederhergestellten Docks gebaut.

Tagestouren

London ist eine Stadt, die sich am besten zu Fuß entdecken läßt. Die ersten fünf Touren stellen Ihnen die wichtigsten Sehenswürdigkeiten vor. Die folgenden sieben Spaziergänge, das Wahlprogramm, sind eher für Besucher gedacht, die genügend Zeit haben, London näher kennenzulernen. An letzter Stelle stehen die Ausflüge, die Sie – entlang der Themse – zu den Museen und königlichen Palästen in Greenwich und Hampton Court führen.

1. Tag

Covent Garden und Soho

Ein Erkundungsgang durch das farbenprächtige Covent Garden-Viertel, an Straßenmusikern, Läden und Restaurants vorbei nach Soho; die Buchhandlung Foyle's und Londons Chinatown. Der Tag endet am Leicester Square.

– Tottenham Court Road Station, Northern und Central Lines –

Die Viktorianer trennten Covent Garden von Soho, indem sie einen glatten Schnitt durch das Elendsviertel von St. Giles legten und den beiden Teilen einen völlig unterschiedlichen Charakter verliehen. Östlich der Charing Cross Road ist es der alte Obst- und Gemüsemarkt, der die Menschen anzieht, westlich ist es Soho mit seinem zweifelhaften Ruf, Hogarths London mit einem chinesischen Akzent.

Wenn Sie vom Centre Point aus die St. Giles High Street hinuntergehen, kommen Sie an der Kirche **St. Giles-in-the-Field** (9.00–16.00 Uhr) vorbei. Henry Flitcrofts Neubau des Gotteshauses ist mit ihrem exquisiten und durchaus interessanten Interieur in subtilen Farbtönen und dem Blattgold stark von Wren und Gibbs beeinflußt worden. Dem bekannten Homer-Übersetzer George Chapman wurde in

St. Giles ein Denkmal errichtet. Entworfen hat es ein Freund Chapmans: Inigo Jones.

Schaurig die Vorstellung, in Fesseln geschmiedet, auf einem Karren zum Tyburn-Galgen gefahren zu werden. Die Henkersmahlzeit stammt aus dem **Angel,** dem Dorf-Pub neben der Kirche. Das Angel war das letzte Gasthaus an der Landstraße, die zum Galgen am Marble Arch führte. Von der Shaftesbury Avenue zweigt links die **Neal Street** ab, eine Fußgängerzone, die ganz das neue Image von Covent Garden verkörpert – Geschäfte und Kunsthandwerkateliers, asiatische Instrumente, Naturschuhe, Körbe und Drachen, dazwischen immer wieder Restaurants mit einer Vorliebe für Linsen und Joghurt. Das ist das London der Jungen und Schönen.

Gleich rechts in Short's Gardens ist der Eingang zu **Neal's Yard,** dem Traum jedes Müesli-Freaks, mit Körnern, getrockneten Früchten und Erdnußbutter, deren würziges Aroma sich mit dem Duft von frischem Brot mischt. Das Essen hier ist äußerst bekömmlich und gesund, genauso wie die angebotenen Massagen, Aroma- oder sonstigen Therapien. Werfen Sie auch einen Blick in das fabelhafte Käsegeschäft jenseits des Yard. Sehenswert in Short's Gardens ist auch die wunderliche wasserbetriebene Uhrenskulptur und das elegante Gebäude von **Thomas Neal's,** einem neueröffneten Einkaufszentrum mit exklusiven alternativen Produkten. Gehen Sie anschließend weiter die Neal Street entlang – auf der Höhe **Neal Street East** ist auf der rechten Straßenseite ein Geschäft mit asiatischer Kunst –, überqueren Long Acre und biegen links in die Floral Street und rechts in die Bow Street ein. Aus der Bow Street stammen die Bow Street Runners, die Vorläufer der heutigen Polizei. Jetzt ist das **Royal Opera House** die Attraktion der Straße. Es ist bereits das dritte Opernhaus an dieser Stelle und entspricht den gängigen Vorstellungen – eindrucksvoll, ein bißchen langweilig, mit einem reich-verzierten Auditorium und herrlicher Akustik.

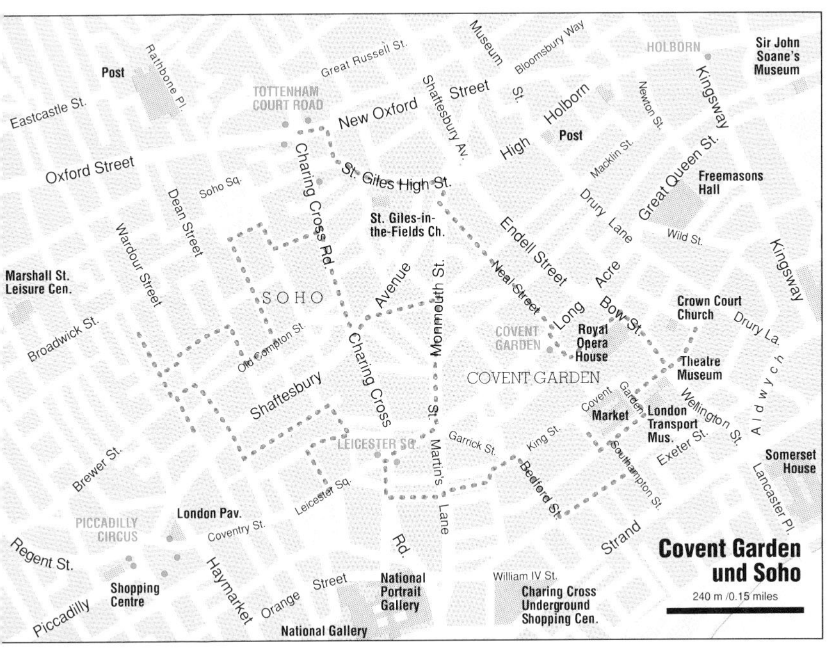

Der ehemalige Covered Market in Covent Garden

Links führt die Russell Street zur **Drury Lane.** Das gleichnamige Theatre wurde, genau wie die Oper, häufig vom Feuer heimgesucht. In dem klassisch-georgianischen Gebäude, dem vierten seit 1663, spuken die Geister großer Theaterleute durch die geschichtsträchtigen Hallen – Garrick, Sheridan, Kean, Sarah Siddons. Der Name jedoch, der sich wohl am stärksten ins Gedächtnis des Publikums eingegraben hat, ist der von Nell Gwynne: das Mädchen von nebenan, das bei den Premieren Orangen verkauft, Schauspielerin wird und sich das Herz des Königs erobert.

Für das **Museum of the Theatre** in der Russell Street (Dienstag–Sonntag 11.00–17.00 Uhr) braucht man sich nicht in Schale zu werfen. In diesem Tribut an die darstellenden Künste gibt es für ein paar Mark einen Logenplatz zu allen möglichen Vorstellungen, sei es Musical oder Melodrama, Varieté oder Pantomime. Um die Ecke, gegenüber vom Markt, ist das **Transport Museum** (täglich 10.00–18.00 Uhr).

Aus dem Klostergarten **(Covent Garden)** der Westminster Abbey wurde Londons erster Square, dann ein Markt. Um 1630 hatte der 4. Earl von Bedford die glorreiche Idee, Inigo Jones mit dem Entwurf eines neuen Wohnkomplexes zu beauftragen. An drei Seiten des Platzes lagen die Wohnungen über Arkaden wie in der Rue de Rivoli in Paris. Aber das einzige Zeugnis der „Großen Piazza“, das heute noch existiert, ist die Nachbildung an der Nordseite. Der Earl nutzte den Platz später als Gemüsemarkt, womit er die wohlhabenden Mieter verjagte. Der Markt zog 1974 nach Nine Elms.

Auf dem **Apple Market** (Mittwoch 9.00–18.00 Uhr) präsentieren britische Kunsthandwerker ihre Erzeugnisse. Fachgeschäfte wie Pollock's, wo die Spielzeugtheater und die „Penny Plain, Twopence Coloured“ Drucke herkommen, die seit Generationen Theaterliebhaber faszinieren, liegen um den Apple Market. Das **Punch & Judy**

Pub erinnert daran, daß ganz in der Nähe Punch's Puppentheater uraufgeführt wurde. Sogar Samuel Pepys, der berühmteste Londoner Chronist, war unter den Zuschauern.

Dank der Glasterrassen kann man hier bei jedem Wetter draußen essen und die Darbietungen der Straßenmusikanten genießen – oder ertragen, je nachdem. Gibt es eine schönere Kulisse als die Fassade der Kirche **St. Paul's** vor Augen? Nein. Denn „die schönste Scheune Englands" wendet uns den Rücken zu. Inigo Jones war zu diesem raffinierten Kompromiß gezwungen, weil er die Anlage des Platzes nicht zerstören wollte. Den Haupteingang erreicht man durch eine Bogenpassage, die von der King Street aus abzweigt. Die Thespisjünger haben diese Kirche zu ihrer Ruhmeshalle erkoren und gedenken hier der unvergessenen Publikumslieblinge – Tamara Karsavina, Prima Ballerina Assoluta, Donald Wolfit, Charles Chaplin, Noel Coward.

Szene von der Neal Street

Die King Street mündet in die Fußgängerzone New Row. Wenn Sie links in die Bedfordbury abbiegen erreichen Sie Goodwin's Court. Weiter geht es entlang eleganter Bogenfassaden und über die St. Martin's Lane zum **Salisbury.** Hier ißt man in der Gesellschaft von Schauspielern an einer Marmortheke im glitzernden Licht von Jugendstillampen. Aber auch der gute Fisch bei **Sheekey's** im St. Martin's Court oder die französische Küche bei **Chez Solange** um die Ecke in der Cranbourn Street sind zu empfehlen.

Anstelle eines Digestif genehmigt man sich vielleicht eine gemütliche Runde durch die Buchläden im Cecil Court oder durch die

Das Pub Punch & Judy

Soho Square

Photographer's Gallery (Dienstag–Samstag 11.00–19.00 Uhr).

Fast am Ende der Monmouth Street liegt **Seven Dials** mit seinem restaurierten Obelisk. Das Original befindet sich seit etwa 1730 in Weybridge in Surrey, das es auf keinen Fall herausgeben will. Am Cambridge Circus geht es rechts in die Charing Cross Road zu **Foyle's,** einstmals der größte Buchladen der Welt. Die Manette Street, links von der Charing Cross Road gelegen, verdankt ihren Namen Dr. Manette aus Dickens' *Tale of Two Cities.* Soho gehörte früher zu den weniger guten Gegenden Londons, inzwischen sind aber modische Bars und Geschäfte entstanden, die vor allem Medienleute ansprechen wollen.

Die Greek Street rechts führt zum **Soho Square.** Die meisten der Häuser aus dem 18. Jahrhundert existieren nicht mehr, aber die No. 1 Greek Street, ein **Obdachlosenasyl,** hat überlebt. Zwei Tage in der Woche ist das Haus zur Mittagszeit geöffnet, aber das herrliche Innere kann man auch durchs Fenster erahnen. In der Frith Street Nr. 6, südlich des Platzes, hauchte der Kritiker und Essayist William Hazlitt seine berühmten letzten Worte „Nun, ich hatte ein glückliches Leben".

Ein Spaziergang durch die **Old Compton Street,** die Hauptstraße von Soho, führt an Restaurants, Cafés, Weinläden und Tante-Emma-Läden vorbei. In den Patisserien **Valerie** und **Maison Bertaux** in der Greek Street ist das französische savoir vivre noch lebendig. Von der Dean Street, wo Karl Marx *Das Kapital* schrieb, zweigt die Meard Street ab, die zum **Berwick Market** führt, Londons bestem Freiluftmarkt. Über den Walker's Court kommt man in die **Rupert Street.** Die Auswahl hier ist größer, die Qualität besser, allerdings sind die deutlich Preise höher. In der Wardour Street, Seitenstraße der Brewer Street, hat die britische Filmindustrie ihr Zuhause. Links der Turm gehört zu **St. Anne's.** Überquert man die Shaftesbury Avenue auf der Höhe Wardour Street, kommt man links in die Gerrard Street, besser bekannt unter dem Namen **Chinatown.** Das Restaurant **Fook Lam Noon** hat sich in der Nr. 10 niedergelassen.

Am Ende der Straße biegt man rechts zum Newport Place ein und dann wieder rechts in die Lisle Street. Die französische Kirche in London, die **Notre-Dame de France,** mit einem Wandgemälde von Jean Cocteau in der Seitenkapelle, liegt direkt am **Leicester Square.** Der Platz ist ein beliebter Treffpunkt, der sich besonders abends, wenn die Clubs öffnen, mit Menschen füllt. Die Kinos, die die neuesten Filme zeigen, sind ebenfalls hier zu finden.

Das Swiss Centre

2. Tag

Königliche Unternehmungen

Vom Trafalgar Square zur Whitehall, rechtzeitig zur Wachablösung; dann am Weinkeller von Heinrich VIII. vorbei; durch den grünen St. James's Park zu den Residenzen der Königinmutter (St. James's Palace) und der Queen (Buckingham Palace).

– Charing Cross Station, Bakerloo Line, Jubilee und Northern Lines –

Dem Himmel sei gedankt für die königliche Familie – was wären wir, das gemeine Volk, ohne sie? Geschichte und Charakter von London wurden ganz entscheidend von den Königen und Königinnen geprägt, sei es absichtlich oder unabsichtlich. Ihnen verdanken wir die folgende Hommage an die wunderbaren Gebäude und charmanten, baumbestandenen Plätze, zu denen uns der königliche Rundgang führt.

„Was gut genug ist für Nelson, ist auch gut genug für mich", singt der heruntergekommene Dandy, der „Toff", in dem alten Music Hall Lied. **Trafalgar Square** war schon immer ein Platz des Volkes, wo Demonstrationen begannen und Redefreiheit beim Wort genommen wurde, aber seine Verbindungen zum Königshaus machen ihn zum idealen Ausgangspunkt des Tages. Vom Portikus der **National Gallery** (Montag–Samstag 10.00–18.00 Uhr, Sonntag 14.00–18.00 Uhr) hat man einen wirklich guten Ausblick über das

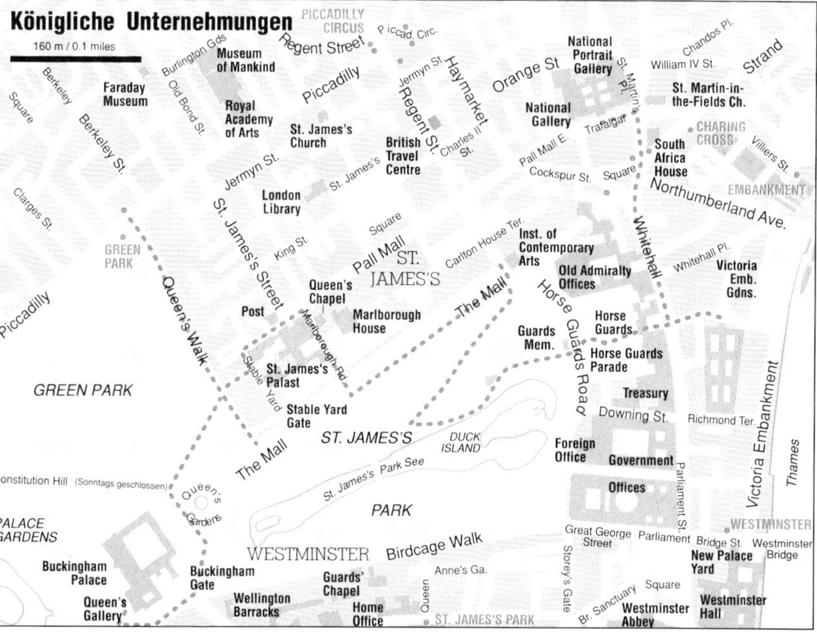

Nelson's Column

Geschehen. Hier waren die Royal Mews, als der Prinzregent und spätere König George IV. im nahegelegenen Carlton House wohnte. Die Säulen, die Nelson, und in der Ferne St. Stephen's, umrahmen, wurden beim Bau der Gallery 1838 wiederverwendet. In die National Gallery integriert ist die **National Portrait Gallery** (Montag–Samstag 10.00–18.00 Uhr, Sonntag 12.00–18.00 Uhr). Künstlerische Qualität ist eher zufällig als beabsichtigt. Beide Museen zeigen auch spektakuläre zeitgenössische Kunst und locken die Laufkundschaft mit Sonderausstellungen. Will man sich die Wachablösung in Whitehall um 11.00 Uhr ansehen, hat man nicht viel Zeit. An der Nordostecke des Trafalgar Square sitzt der arme George IV. recht unglücklich auf einem Pferd, kein Wunder, denn man hat ihm weder Sattel noch Stiefel oder Steigbügel mitgegeben. James II. von Grinling Gibbons, auf dem Rasen vor der National Gallery, hat es nur wenig besser. Die Hand in die Hüfte gestemmt, wurde er als alter Römer verewigt!

Als **St. Martin-in-the-Fields,** das den Platz überblickt, im Jahre 1726 schließlich fertiggestellt wurde, gab eines der Gemeindemitglieder, das schon die Baukosten zur Hälfte getragen hatte, jedem Arbeiter einen Bonus von 100 Guineas. Der großzügige Wohltäter war kein anderer als George III. selbst. St. Martin's, das Meisterwerk des Architekten James Gibbs, führt das königliche Wappen nicht nur über dem Portikus, sondern auch über dem Altarraum, und die königliche Familie sitzt in Londons einziger königlicher Kirchenbank. Charles II. wurde hier getauft und seine Liebhaberin, Nell

Changing of the Guard – die Wachablösung

Trafalgar Square

Gwynne, liegt im Kirchhof begraben. Gegenüber vom South Africa House steht die zweite Säule des Platzes – eine als Lampe verkleidete Polizeistation. Charles I. macht in dem gelungenen Reiterstandbild von Hubert Le Sueur eine bessere Figur zu Pferd als George IV. Die zur Whitehall blickende Statue wurde 1633 gegossen, aber bei Ausbruch des Bürgerkrieges von den Roundheads als Schrott an einen gewissen Herrn Rivett, einen Kupferschmied, verschachert. Als mit Charles II. doch wieder ein König den Thron bestieg, tauchte auch wunderbarerweise das Denkmal wieder auf. Es wurde auf einen Sockel gesetzt, der von Sir Christopher Wren stammen könnte. Der König, der seine Versprechen nicht hielt, schaut mit fröhlichem Gleichmut hinunter auf den Ort seiner Hinrichtung.

Whitehall, die parallel zur Themse verlaufende Straße, verband die City of London mit der grandiosen Westminster Abbey. Sie durchquert das Gebiet, wo sich früher der königliche Palast, der Sitz der Macht, befand. Heute ist sie von öffentlichen Gebäuden gesäumt und endet am Westminster Palast, einem Palast des Volkes und Sitz einer demokratischen Regierung. Wenn die **Horse Guards** nicht gerade ihrer Aufgabe als königliche Leibwache bei Staatsakten nachgehen, veranstalten sie täglich um 11.00 Uhr (Sonntag 10.00 Uhr) eine fotogene Zeremonie, die Wachablösung. Fotoapparate klicken, Pferde schütteln ungeduldig den Kopf, Befehle werden gebrüllt, und die Truppe kehrt zu den Knightsbridge Barracks zurück.

Das **Banqueting House** (Montag–Samstag 10.00–17.00 Uhr, Sonntag geschlossen) gegenüber den Horse Guards ist das einzige noch existierende Gebäude des Whitehall Palastes. Die Tudor-Gebäude, in denen Heinrich VIII. und Anne Boleyn getraut wurden, säumten die Straße hinter dem Holbeintor. Das 1622 fertiggestellte Banketthaus war Londons erstes Gebäude aus Portlandstein und das erste im Stil Palladios. Inmitten der einfach gehaltenen elisabethanischen Holz- und Ziegelhäuser muß es sehr avantgardistisch gewirkt haben. Die opulente Rubens-Decke im Inne-

Entspannen im St. James's Park

Vögel füttern im St. James's Park

ren ist ein auffallender Kontrast zum strengen Äußeren. Von diesem Hof aus schritt Charles I. durch ein Fenster direkt aufs Schafott.

Der **Weinkeller** Heinrichs VIII. existiert noch heute unter einem neuen Gebäude an der Horse Guard's Avenue. Der Keller mußte jedoch für das Fundament des neuen Hauses verlegt werden. Von den Terrassen und Stufen im Garten am Flußufer gelangten die Tudor-Könige und -Königinnen zu ihrer Staatsbarkasse.

Von den Horse Guards führt ein Weg zur **Horse Guards Parade,** wo zum offiziellen Geburtstag der Königin das „Trooping the Colour" vorgeführt wird, eine Parade, die von der Königin zu Pferd abgenommen wird. Nördlich liegen die Admiralität und das Schatzamt, im Süden die Downing Street, wo der Premierminister residiert. Am Ende der King Charles Street, im Untergrundlabyrinth der **Cabinet War Rooms** (täglich 10.00–18.00 Uhr), hat Winston Churchill seine Globalstrategie ausgebrütet, die London schließlich vom Terror der deutschen Luftwaffe befreien sollte.

Auf friedlichere Gedanken kommt man geradeaus in der Stille des **St. James's Park.** Heinrich VIII. legte einen Sumpf dafür trocken, Charles II. ließ ihn im französischen Stil anlegen, mit einem Kanal in der Mitte, und gestattete seinen Untertanen den Zutritt. Von der Brücke zwischen Seeufer und der kleinen Insel hat man einen der herrlichsten Blicke auf London. Die besten Plätze zur Rund-um-die-Uhr-Show der vielen Wasservögel sind im **Cake House** (10.00–18.30 Uhr). Zum Lunch bieten sich **Storey's Gate** an oder der Palast unter den Pubs, **Albert.**

Auf der gegenüberliegenden Seite der Mall, des breiten Boulevards zum Buckingham Palace werden die Duke of York Treppen von Nashs **Carlton House Terrace** eingerahmt. Allen Rängen der Armee wurde ein Tagessold abgezogen, um die **Duke of York's Column** zu finanzieren, die heute an der Stelle der ehemaligen Residenz des Prinzregenten steht. In der Terrasse versteckt sich nicht nur Albert Speers einzige Arbeit in London (No. 7–9), sondern auch der In-Treff der Kulturszene, das **Institute of Contemporary Arts** (täglich 12.00–22.30 Uhr) – Café, Galerie, Kino, Bar, Buchhandlung oder einfach Gespräche, alles mit einer Tageskarte zu haben.

Gleich rechts schließen sich die Gartenmauern des **Marlborough House** an, das von Wren entworfen wurde. Hier wohnte bis zu ihrem Tode 1953 Queen Mary, die Großmutter der jetzigen Königin. In Marlborough Gate ist die **Queen's Chapel** von Inigo Jones, die eigentlich zum St. James's Palace gehört, aber heute durch die Marlborough Road von ihm getrennt ist. Die erste englische Kirche im neuen klassischen Stil war für die Infantin Maria von Spanien gedacht, wurde aber dann einer anderen Maria, nämlich Henrietta Maria, geweiht, die 1625 Charles I. heiratete. Lediglich Kirchgänger dürfen im Sommer am Sonntag morgen das Innere bewundern.

Der **St. James's Palace** ist ein sehr privater Ort. Viele Royals erblickten hier das Licht der Welt, und einer, Charles I., ging hier seinem Tod in Whitehall entgegen. Am Gatehouse vorbei links kommt man in den **Stable Yard,** wo an der Nordseite eine Reihe bescheidener Hawksmoor-Fassaden zum **Lancaster House** hinblicken. Das Gebäude diente einst als Museum, jetzt wird es von der Regierung für offizielle Empfänge genutzt. Eine Passage führt zum **Green Park** und zum Queen's Walk, benannt nach der Königin von George II.

Der **Buckingham Palace** sollte eigentlich nie ein Schloß werden, diese Rolle wurde ihm erst nach seinen bescheidenen Anfängen im Jahr 1715 als Landhaus des Duke of Buckingham aufgebürdet. Von August bis Oktober ist ein Teil des Schlosses für Besucher zugänglich (Eingang Buckingham Palace Road).

Die **Wachablösung** (Sommer täglich 11.30 Uhr, sonst jeden zweiten Tag) ist eine eindrucksvolle Zeremonie. Wenn die Königin „zu Hause" ist, flattert die königliche Fahne im Wind, und die Musik der Guards' Band spielt dazu. Die Eintönigkeit der Buckingham Palace Road wird vom imposanten Eingang zu den **Royal Mews** (zwei bis drei Tage pro Woche, je nach Jahreszeit, 14.00–16.00 Uhr, in der Ascot-Woche geschlossen) zumindest teilweise wettgemacht. Im Marstall werden die Pferde und Kutschen versorgt, so auch die Krönungskutsche für George III. von Sir William Chambers aus dem Jahr 1762. In der **Queen's Gallery** öffnet die Königin ihr Fotoalbum für ihre vielen Untertanen (Dienstag–Samstag 10.00–17.00 Uhr, Sonntag 14.00–17.00 Uhr). Die Haltestelle Victoria für die District, Circle und Victoria Lines ist gleich um die Ecke.

Buckingham Palace

West End

Von der Carnaby Street zu den exquisiten Schneidern, Weinhändlern und Antiquitätenverkäufern von St. James's und Burlington Arcade; Kunst an der Royal Academy und Völkerkunde im Museum of Mankind.

– Oxford Circus Station, Bakerloo, Central, Victoria Lines –

Für Einwohner, Arbeiter und Besucher gleichermaßen ist das West End mehr als eine geographische Bestimmung der westlichen Stadtgrenze, es ist ein Synonym für Status, Reichtum und Mode. Deshalb ist es bestimmt kein Zufall, daß sich das West End fast mit Mayfair, bzw. mit dem Grosvenor Estate des Herzogs von Westminster identifiziert. Grosvenor ist rein zufällig einer der reichsten Männer des Landes. Die Aristokraten haben ihre Häuser Luxushotels und Dreisternerestaurants, Botschaften und Clubs überlassen. Und den Läden, die in der Oxford Street populär, in der Regent Street edel und in der Piccadilly und Bond Street hochvornehm sind. Läden also sind die Hauptattraktion, aber auch Kunstgalerien gedeihen bestens in der reichen Krume des West End.

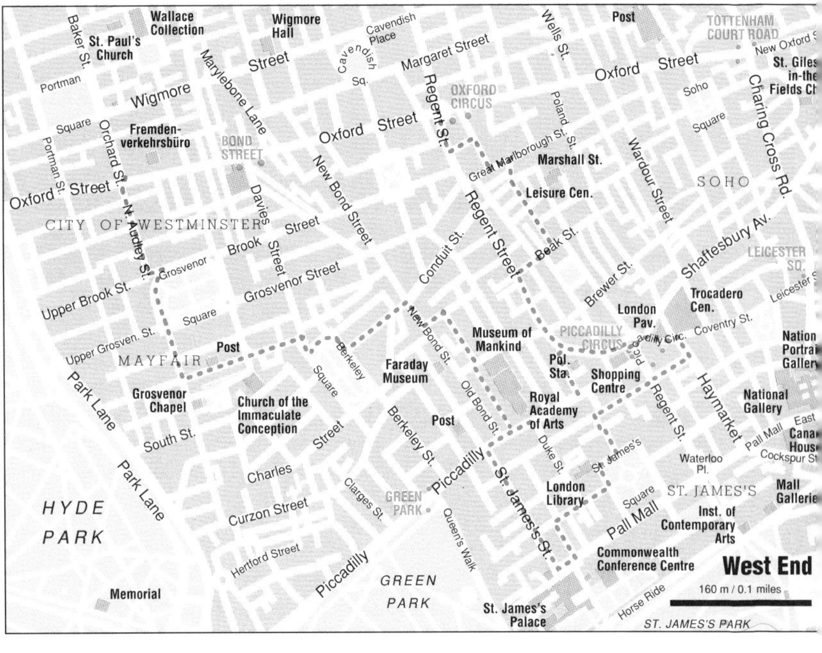

Gleich die erste Querstraße zur Regent Street, die Little Argyll Street, führt zum **London Palladium,** einer Music Hall und Nachfolgerin eines Zirkus. Diese Bühne hat schon so ziemlich alles gese-

hen, von der Operette bis zu Heavy Metal, und sie wird auch in Zukunft noch einiges erleben.

In der Great Marlborough Street darf man noch über den sehr eigenwilligen **Mr. Liberty** und seine exzentrische Idee eines Ladens im Tudor-Stil lächeln. Aber der Erfolg hat ihm recht gegeben. Das Kaufhaus ist seit seiner Eröffnung im Jahre 1924 ein Renner. Das alte Holz ist echt, es stammt von Englands Schlachtschiffen. Auf der Brücke, die die Verbindung zur Regent Street herstellt, läutet St. Georg Glocken, als ob es gelte, alle 15 Minuten einen fliehenden Drachen einzufangen.

Das Libertys liegt an der Ecke zur **Carnaby Street.** Früher war hier das Mekka der kurzen Röcke und langen Haare – Swinging London. Heute hat auch die Nostalgie noch ihren Reiz, aber ganz kann die Carnaby Street hinter ihrem neuen Make-Up die Falten und Krähenfüße nicht verbergen, oder um mit Shakespeare zu sprechen „by Time's fell hand defaced". Der Barde blickt von seiner Nische hoch an der Ecke des **Shakespeare's Head** in die Menge. Aber das Pub hat weniger mit William zu tun als mit Thomas und John Shakespeare, den Wirten im Jahre 1735. Der Geruch von Leder, vorzugsweise schwarz mit silberglänzenden Nieten, weht weithin durch die Carnaby Street, während das überverstärkte Dröhnen von modernster Popmusik jede Lärmschutzbestimmung verletzt. Sogar **Inderwick's,** seit Generationen der Pfeifenspezialist schlechthin und der einzige überlebende Laden aus der Prä-Carnaby-Ära, hat Blubberpfeifen im Fenster an Stelle von Meerschaumpfeifen.

Die Uhr an der Außenseite von Liberty

Über die Beak Street erreicht man die Regent Street, wo der Kronjuwelier **Garrard** seine Preziosen auch an Normalsterbliche verkauft. Der etwas angestaubte Charme der Boheme existiert noch im **Café Royal,** wo man zwischen Plüsch und Blattgold Oscar Wilde, Aubrey Beardsley oder Augustus John erwartet. Doch der Preis eines Drinks garantiert auch hier nicht mehr einen Abend voll geistreicher Unterhaltung.

Auf der gegenüberliegenden Straßenseite, allerdings mit Eingang in der Swallow Street, betritt man mit **Veeraswamy's Restaurant** (Eingang Victory House, 99–101 Swallow Street) die versunkene

Welt der indischen Raj. Mehr Fernöstliches bietet das wohl beste chinesische Restaurant in London, das **Cathay.** Zur Peking-Ente gibt es den Blick auf Londons „Big Top“ gratis – plus diverser Nebenattraktionen wie das **London Pavillion** mit viktorianischen Statuetten auf der Brüstung, die sich mit den Popstars aus Madame Tussaud's **Rock Circus** paaren. Dahinter liegen das **Trocadero Center** mit Geschäften und Cafés und die **Guinness World of Records.**

Das Straßenleben jedoch ist bunter und interessanter. Auf der anderen Seite vom Piccadilly Circus in der Lower Regent Street bekommt man im **Ceylon Tea Centre** in der Jermyn Street Tee, der nichts mit dem Aufgußgetränk mit drei Buchstaben gemein zu haben scheint. Die Geschäfte der Jermyn Street sind gutbewachte Vorzimmer zu der abgeschiedenen Clubwelt von St. James's. Die Schaufenster zeigen eine große Auswahl an Krawatten, Hemden, Schuhen, Parfüm und Schmuck. Die Variationsbreite an Käse von **Paxton & Whitfield** in der Nr. 93 ist ebenfalls sehr beeindruckend. Versteckt im Eingang zu St. James's Piccadilly ist das Naturkostcafé, **Wren at St. James's.** Zwei, drei Schritte und wir befinden uns in Wrens neuer Kirche für den schnell wachsenden Nobelvorort des 17. Jahrhunderts. Im Zweiten Weltkrieg schwer zerstört und wiederaufgebaut, sind in der Kirche vor allem das geschnitzte Blumen- und Früchte-Altarblatt sehenswert und der marmorne „Garten Eden“ Taufstein von Grinling Gibbons. Von Gibbons stammen auch die trompetenden Engel über der herrlichen Orgel in der Kapelle vom Whitehall Palace.

Das **Red Lion** in der Duke of York Street täuscht. Von außen winzig, erscheint das elegante viktorianische Pub von innen wesentlich größer. Das Geheimnis liegt in den Glasspiegeln an den

Piccadilly Circus

Burlington Arcade

Wänden, die die geschmackvolle Einrichtung und die dunklen Mahagonimöbel bis ins Unendliche reflektieren. Am Fuße des Hügels ist der **St. James's Square,** der 1660 angelegt wurde und dessen hervorragende Häuser aus dem 18. Jahrhundert eine wechselvolle Geschichte erlebt haben: die Geburt des späteren Königs George III., die Herzöge von Norfolk und die Bischöfe von London residierten hier, und in der Nr. 10, im Chatham House, wohnten drei Premierminister. Aber auch die moderne Geschichte ist mit Gewalt in die stille Straße eingedrungen. In der Nr. 31 hat General Eisenhower die Invasion von Afrika und Frankreich geplant, und 1984 wurde während einer Demonstration vor dem Libyan People's Bureau Yvonne Fletcher getötet. An sie erinnert ein Denkmal am Zaun des Vorgartens.

Beim Reiterstandbild Williams III. beginnend wandert man im Uhrzeigersinn um den Platz zur King Street. Gegenüber von Christie's, dem berühmten Auktionshaus, sind die Crown Passage und der **Golden Lion,** die Kneipe mit der zweitältesten Schanklizenz im West End. Über die Pall Mall erreicht man die St. James's Street, wo sich die Clubmitglieder seit georgianischen Zeiten mit den Artikeln der besseren Gesellschaft eindecken. Wer zu den bevorzugten Kunden von **Berry Bros and Rudd,** den Weinhändlern, gehört, wird wie der Prinzregent Anno dazumal auf einer riesigen Waage gewogen. Der Prinzregent hat bestimmt auch **Lock's,** gleich nebenan, beehrt. Londons Tophutmacher schmückt seit 1759 nicht nur die Köpfe der feinen Leute, sondern auch seine Schaufenster mit besonders viel Geschick. Zwischen den Geschäften führt eine enge Passage zum **Pickering Place,** einem verschwiegenen georgianischen Eckchen, dem die blutrünstige Vergangenheit nur schwer anzusehen ist.

Clubs, die um ihre vornehme Anonymität bedacht sind, säumen die Straße. Der elegante **Boodles** entspricht ganz dem Clubklischee: Die imposante Fassade im Adam-Stil wird von einem hohen venezianischen Fenster gegliedert, durch das das Licht auf eine sehr geschützte Welt fällt. Rechts in der Piccadilly Street erzählt die große Uhr von **Fortnum and Mason,** was die Stunde geschlagen hat. In der Lebensmittelabteilung kauft die Queen ein. Im Restaurant kommt das Auge mindestens ebenso auf seine Kosten wie

Cork Street Galerie

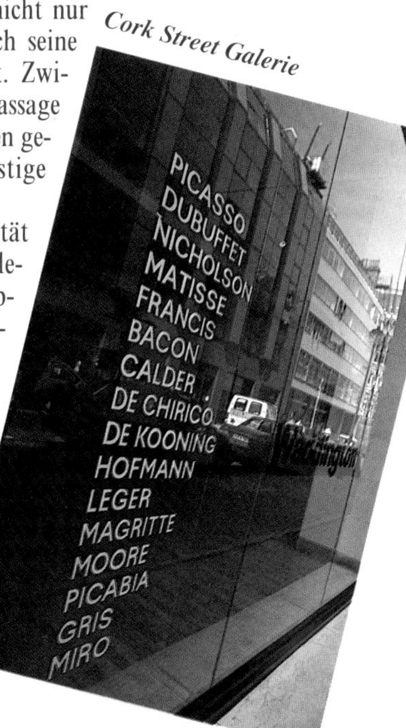

der Magen (und der Geldbeutel). Frisch gestärkt geht es weiter zu den Piccadilly Arcades. Im **Burlington House** an der Nordseite residiert die Royal Academy of Arts (täglich 10.00–18.00 Uhr). Im Sommer gibt es traditionell eine Ausstellung zeitgenössischer Kunst. Die modernen Werke sind käuflich, können aber erst Mitte August abgeholt werden.

Die **Burlington Arcade** nebenan, ein Prototyp der eleganten Londoner Arkade, ist im Vergleich geradezu frivol. Das **Museum of Mankind** (Montag–Samstag 10.00–17.00 Uhr, Sonntag 14.30–18.00 Uhr), wo die ethnographische Abteilung des British Museum eine Zuflucht gefunden hat, erreicht man durch die Burlington Gardens. Forschung wird in aufregenden Ausstellungen geschickt präsentiert.

Das Echo der Ethno-Kunst hallt bis in die unzähligen Galerien der **Cork Street.** Ganz umsonst darf man sich alle nur erdenklichen Kunstformen und -richtungen betrachten. Links biegt man in die Clifford Street und dann rechts in die New Bond Street, und schon steht man vor dem **Time&Life Building** mit seinem Fries von Henry Moore.

Kaum zu glauben, daß in der Bruton Street noch vor kurzer Zeit hochgestellte Familien gewohnt haben. Aber eine Plakette am Berkeley Square House beweist es. Vor 65 Jahren ist sie hier geboren, „Queen Elizabeth, born April 21, 1926“.

Nach dieser königlichen Niederkunft hat sich **Berkeley Square** dem Spiel und der Werbung ergeben. Das chinesische **Pump House** in der Mitte steht noch. Auf der Westseite verteidigen ein paar Häuser aus dem 18. Jahrhundert die Stellung. Die **Mount Street,** die auf die linke obere Ecke des Platzes trifft, ist ein Zuckerwerk in Pink und Terracotta, reich verziert mit dem **Connaught,** dem Hotel mit dem beneidenswerten Ruf, mit Scott's Meeresfrüchterestaurant und dem Audley, dem Pub mit einem „English Dining Room“.

Selfridges in der Oxford Street

Tower und City

Zwei Gesichter Londons: Archäologische Überreste, so alt wie die Stadt selbst, und das brandneue Design Museum. Bewundern Sie die Kronjuwelen, die wiederaufgebauten Docklands und exklusive Restaurants, in denen man die Austern noch mit Champagner schlürft.

– Tower Hill Station, District und Circle Lines –

Von den allerersten Anfängen an repräsentierten der Tower und die City die Macht und die Herrlichkeit der englischen Hauptstadt an der Themse, übten militärische und finanzielle Kontrolle aus, oft mit einer unbeschreiblichen Menschenverachtung. Fast 400 Jahre lang wurden im Tower inhaftierte Verräter zum Tower Hill gebracht, um dann vor der grölenden Menge hingerichtet zu werden. Der genaue Punkt ist heute mit einem Stein im **Trinity Square Garden** markiert. Viele Köpfe rollten, einige wenige wurden gerettet. Im eleganten Trinity House aus dem 18. Jahrhundert bauten die Trinity-Brüder Leuchttürme und stellten Lotsen, die für größere Sicherheit auf See sorgten. Neben dem Trinity House sind Teile der **römischen Stadtmauer** erhalten.

Wendet man der monströsen ehemaligen Hauptverwaltung der Port of London Authority den Rücken zu, richtet sich der Blick flußwärts zum **Tower** (März–Oktober: Montag–Samstag 9.00–17.00 Uhr, Sonn-

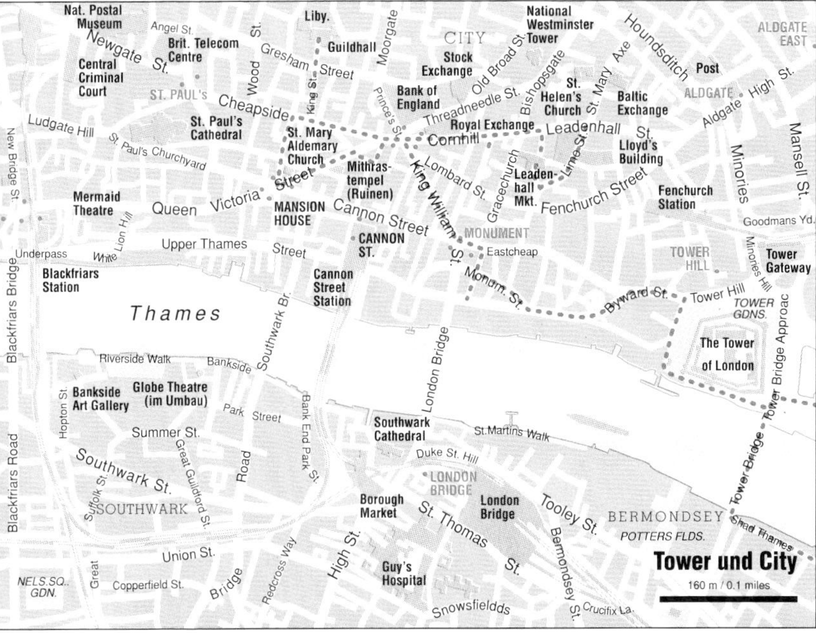

Der Tower of London

tag 10.00–17.00 Uhr, November–Februar: Montag–Samstag 9.00–16.00 Uhr, Sonntag 10.00–1600 Uhr, letzte Führung ist 14.30 Uhr), ein Werk, das nicht nur Kindern als Inspiration für ihre Spielzeugburgen dient, sondern in der Militärarchitektur tatsächlich unerreicht ist. Der White Tower von William dem Eroberer, Englands einziges vollständiges normannisches Burgverlies, beherrscht die umliegenden Mauern und Bollwerke. Die Ecktürme wurden im 14. Jahrhundert erneuert. Im Inneren befindet sich die **St. John's Kapelle,** wie aus solidem Fels gehauen, ungeheuer eindrucksvoll in ihrer Strenge und Einfachheit. Der krasse Gegensatz dazu sind die **Kronjuwelen,** die Charles II. zu offiziellen Anlässen trug. Ein pittoresk gekleideter Beefeater erzählt gerne, warum gerade Raben auf der Lohnliste des Tower stehen. Die Wäsche, die vor den Zinnen auf der Leine trocknet, überrascht nicht, ist doch immer noch eine Kaserne hier. Von der **Gun Wharf** am Fluß hat man einen anderen Blick auf das **Traitors' Gate** als die armen Seelen, die hier an Land gingen. In dem **Pic-a-Picnic Tariff** kann man in einen Beefeater beißen, der Gott sei Dank nur ein Sandwich ist.

Es fällt schwer, die **Tower Bridge** (April–Oktober: 10.00–18.30, November–März: 10.00–16.30 Uhr) ernst zu nehmen, obwohl sie doch die perfekte Begleiterin des Tower ist. Hinter den großen, per Dampf zu öffnenden Klappen der Brücke verbirgt sich bedeutende viktorianische Ingenieurskunst. Das Verlangen nach Ästhetik zieht uns über die Butler's Wharf Brücke zur Hays Galleria und zum **Design Museum** (Dienstag–Sonntag 11.30–18.30 Uhr). Im Museum trifft man alte und alltägliche Freunde, ob Fahrrad oder Stuhl, und lernt, wie sie früher aussahen und warum sie heute so sind, wie sie sind.

Die Tower Bridge

„Beefeater" am Tower of London

Am Tower Thistle Hotel beginnt **St. Katherine's Dock,** das als Londons Yachthafen Wiederauferstehung feierte. Vor Telfords eleganten Lagerhäusern, in denen sich einst das Elfenbein bis an die Decke stapelte, dümpeln heute die Themse-Barkassen, das Nore Feuerschiff und die Yarmouth Fähre.

Die Lower Thames Street verläuft vom Tower am Custom House (Zoll) vorbei zu St. Magnus the Martyr. Das von Wren gestaltete Innere mit Kanzel, Empore und Orgel (1712) ist erhalten. Am Fish Street Hill steht das **Monument** (April–September: Montag–Freitag 9.00–18.00 Uhr, Samstag und Sonntag 14.00–18.00 Uhr und Oktober–März: Montag–Samstag 9.00–16.00 Uhr, Sonntag geschlossen). Wren hat es 1671–1677 in Erinnerung an das Große Feuer, das hier ausbrach, errichtet. In dem Relief auf dem Sockel beklatscht Charles II., eigenartigerweise als Römer gekleidet, den Wiederaufbau der zerstörten Stadt. Katholiken werden erleichtert erfahren, daß die ursprüngliche Inschrift geändert wurde und sie nicht mehr für die Katastrophe verantwortlich gemacht werden. Der Wendeltreppen-Aufstieg bis auf etwa 600 Meter ist nichts für Hasenfüße, belohnt aber die Beherzten mit einem herrlichen Rundblick.

King William Street ist eine Speiche im Rad, das sich um die Nabe des Finanzzentrums London, **Bank of England, Royal Exchange** und **Mansion House,** die Residenz des Lord Mayors, dreht. In solch illustrer Gesellschaft hätte ein weniger bedeutendes Gebäude als die Pfarrkirche **St. Mary Woolnoth** an der Ecke Lombard Street einen schweren Stand, aber Hawksmoors Doppeltürme behaupten sich, auch wenn sich der Eingang zur Untergrundbahn darunter wölbt. Im Inneren der Kirche wird man daran erinnert, daß uneheliche Kinder in der Gemeinde auf den Namen Woolnoth getauft wurden. Hinter dem Mansion House mit seiner säulen- und giebelgeschmückten Fassade versteckt sich eine weitere Kirche von Wren, **St. Stephen Walbrook.** Geht man die paar Stufen zum Kircheneingang hinauf, befindet man sich eigentlich am Ufer des Walbrook, einem heute unterirdisch verlaufenden Nebenfluß der Themse. Wie es den Anschein

Mansion House

hat experimentierte Wren in St. Stephen mit den architektonischen Elementen einer Kuppel mit Laterne über einem Zentralgrundriß, die er später in der St. Paul's Cathedral verwirklicht hat. Heute fällt der Blick direkt auf den massiven Altar von Henry Moore, der in seiner Einfachheit nahezu heidnisch anmutet. Die herrliche Orgel dagegen bildet einen aparten Kontrast zu den modernen, hell bespannten Stühlen.

In der Queen Victoria Street biegt man links in den Temple Court ein. Im Vorhof stehen die Ruinen eines ausgegrabenen **Mithrastempels,** die von Bucklersbury House hierhergebracht wurden und heute ihr einsames Dasein, wenn auch auf einem Sockel erhöht, zwischen abweisenden Bürotürmen fristen. **Sweetings,** das Fischrestaurant an der Ecke Queen Street, sieht älter aus als der angelsächsische Tempel und hat all die Accoutrements einer Institution: Marmortische, weiße Leinentücher und gehetzte Banker, die schief auf ihren Hockern sitzend ihre Austern hinunterschlingen. Die unteren Chargen dagegen treffen sich in der Bow Bar, rechterhand gegenüber in der Bow Street auf eine Tasse Tee. Die Straße führt hinunter zu **St. Mary-le-Bow** in Cheapside. Wrens Maurer haben glänzende Arbeit geleistet. Der herrliche Turm entkam den Flammen des Luftkrieges, der die Glocken zerstörte. Ausgeweidet und dann wiederaufgebaut hat die Kirche heute wenig Charme, aber dafür interessanterweise zwei Kanzeln.

In der King Street, die links von Cheapside abzweigt, befindet sich die **Guildhall** (10.00–17.00 Uhr, im Winter sonntags geschlossen), ehemals das Rathaus der City of London. Außer der Silhouette hat sie nicht mehr viel Mittelalterliches, aber dennoch konnten Feuer und Bomben, Vergotisierung im 18. Jahrhundert und moderne Anbauten ihrem Status als eines der größten öffentlichen Gebäude der Stadt nichts anhaben. Gäste der vielen Empfänge, die dort abgehalten werden, teilen die Great Hall mit Nelson und Wellington, einem bleiernen

Das Restaurant Sweetings

Churchill und über der Galerie den vergoldeten Figuren Gog und Magog, den Stadtriesen. Keine Statue, aber eine historische Fußnote verdient Sir Nicholas Throckmorton, dessen Hochverratsprozeß in der Großen Halle stattfand. Die Richter hielten das Nicht-Schuldig-Urteil der Geschworenen für inakzeptabel und warfen die Schöffen einfach ins Gefängnis, wo sie so lange blieben, bis sie ein annehmbares Urteil gefällt hatten.

In der **Guildhall Library** (an der linken Rückseite, Montag–Samstag 9.30–17.00 Uhr) stellt eine der Zünfte der Stadt, die Worshipful Company of Clockmakers, ihre bedeutenden Beiträge zur Uhrmacherkunst aus. Faszinierender noch ist das **Museum of London,** das man zunächst über die Gresham Street und dann rechts über den Kreisverkehr erreicht. Im Innern können Sie die besten archäologischen Fundstücke vom London der letzten vier Jahrhunderte bewundern, inklusive des prächtigen Vierspänners des Lord Mayor (Dienstag–Samstag 10.00–18.00 Uhr, Sonntag 12.00–18.00 Uhr). Kehren Sie über die King Street, Cheapside und die Kreuzung Poultry und Bank Street nach Cornhill zurück. Hier, in dem Labyrinth von Höfen und Gassen zwischen Cornhill und der Lombard Street, hat sich wie sonst nirgends der Geist der alten City erhalten. Der für Fußgänger reservierte Platz mit Brunnen und Statuetten ist eine gute Einführung, aber ehe man sich versieht, ist man in der Welt von Thackeray und Dickens gelandet, uralt und voller Überraschungen. Bei Simpson's im **Ball Court** essen Londoner Händler seit 200 Jahren *bubble and squeak* (aufgebratenes Rindfleisch und Gemüse) und *spotted dick* (Korinthenpudding). Wer sich eher für Beefsteak interessiert, sollte das **George and Vulture** besuchen, in dem Mr. Pickwick der Vorsitzende des Pickwick Club war. In der St. Michael's Alley servierte **Pasqua Rosée** 1652 Londons erste Tasse Kaffee. Über einem winzigen Friedhof streckt sich Hawksmoors Turm der Kirche **St. Michael Cornhill** himmelwärts. Dahinter zieht das **Jamaica Wine House** das irdische Dunkel vor.

Der NatWest Tower

An der Ecke zur Gracechurch Street verschwindet Wrens **St. Peter Upon Cornhill** zwischen Geschäften

Lloyds of London

und Büros. Nur der Stolz, der erste geheiligte Ort in England zu sein, ist ihr noch anzusehen. Die Whittington Avenue, die erste Straße rechts in der Leadenhall Street, mündet in den **Leadenhall Market,** eine schöne überdachte Arkade. Im 14. Jahrhundert kauften die Hausfrauen dort ihre Hühner, das tun sie auch heute noch. Aber es gibt hier mittlerweile auch ein vegetarisches Restaurant! Im römischen London war hier das Stadtzentrum mit einer Basilika.

Die Lime Street, wo die Reedereien zu finden sind, umkreist **Lloyd's** (zur Zeit für Besucher leider geschlossen). Scharen von Versicherungsagenten, die einst in einem Gebäude im Stil der 20er Jahre von Sir Edwin Cooper ihre Schadensfälle bearbeiteten, haben heute die zweifelhafte Ehre, in einem modernen Stahl- und Glasturm zu sitzen, den die Londoner mit großer Begeisterung hassen. Der Bus Nr. 25 hält in der Leadenhall Street.

Krieg und Frieden

Erleben Sie den deutschen Luftangriff im Imperial War Museum, und besuchen Sie im Anschluß daran die Houses of Parliament und die Westminster Abbey. Wohnen Sie einer Sitzung des Parlaments bei, oder sehen Sie sich einfach die schönsten Turner-Gemälde nebst einer Sammlung moderner Kunst in der Tate Gallery an. Wenn Sie nicht so weit gehen wollen, beginnen Sie diese Tour bei Dean's Yard.

– Lambeth North Station, Bakerloo Line –

Im Bethlem Royal Hospital for the Insane, in der Kennington Road, auf der gegenüberliegenden Seite der Westminster Bridge Road, ist das **Imperial War Museum** untergebracht (täglich 10.00–18.00 Uhr, freier Entritt ab 16.30 Uhr). Die Darstellungen des „Blitz Experience", die im Museum so plastisch vor Besucheraugen geführt werden, lassen erkennen, was die Londoner während des Krieges wohl durchgemacht haben müssen. Noch bedrückender ist die „French Experience", wo die Schrecken der Grabenkämpfe im Ersten Weltkrieg dargestellt werden.

Neben all den Spitfires und Messerschmitts verpassen die Besucher allzu leicht die bedeutende Sammlung von Werken der offiziellen Kriegskünstler, zu denen einige der wichtigsten modernen Maler und Bildhauer zählten. Die Ausstellung umfaßt eine herrliche Serie von

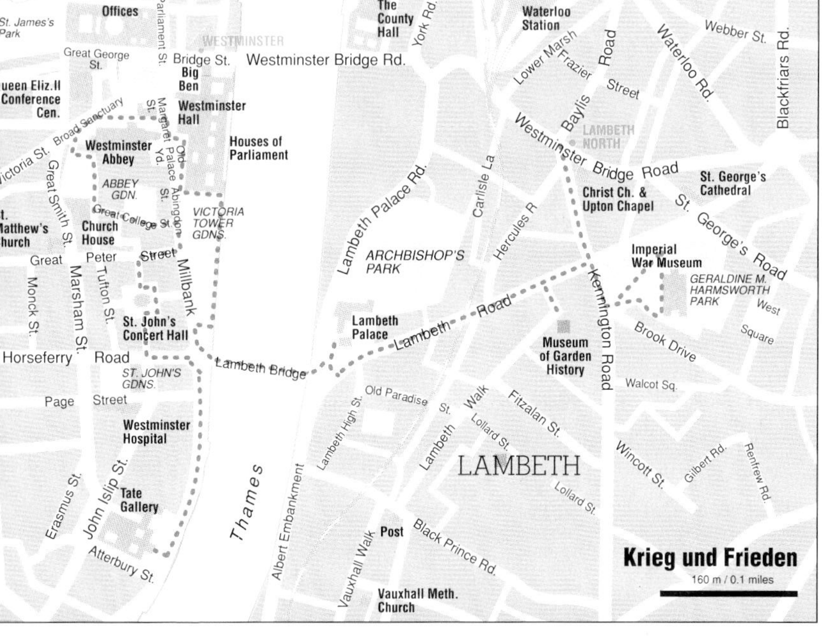

Gemälden der Clyde Werften von Stanley Spencer, außergewöhnliche Werke von Paul Nash, Graham Sutherland und Eric Ravilious sowie sehr sensible Bilder des Ersten Weltkrieges von Nevinson.

Links von der Lambeth Road ist der **Lambeth Walk.** Gegenüber liegt der Palast des Erzbischofes von Canterbury am Rande eines Parks. Die Pfarrkirche St. Mary's ist als **Museum of Garden History** wiederauferstanden (Montag–Freitag 11.00–15.00 Uhr, Sonntag 10.30–17.00 Uhr, Mittwochabend 18.00–19.45 Uhr). Der Tradescant Trust hat ein Museum eingerichtet und auf dem alten Friedhof einen Garten angelegt. Die Replika eines Gartens aus dem 17. Jahrhundert (Eingang durch die Kirche) wurde mit Blumen und Büschen bepflanzt, die die Tradescants aus dem Ausland mitgebracht hatten. Das Grab von John Tradescant, der 1638 starb, ist mit Reliefs verziert. In der Südkapelle der Kirche ist ein kleines Fenster einem Bettler gewidmet. Die Erbschaft, die dieser der Gemeinde vermachte, ist ein Pedlar's Acre, heute Teil des unbezahlbaren Grundstücks, auf dem die County Hall steht. Ein Buchstand zum Thema Gärtnerei und ein Café laden zu einer Pause ein.

Der **Lambeth Palace** ist seit 700 Jahren die Londoner Residenz des Erzbischofs von Canterbury. Das zweitürmige Portal aus rotem Ziegelstein, auch **Morton's Tower** genannt, wurde im Jahre 1495 erbaut; dahinter befindet sich eine Halle aus dem 17. Jahrhundert. Einen Zugang hat man leider nur mit Führung jeweils mittwochs und donnerstags; Buchungen müssen immer im voraus unter Tel.: 0171/928 8282 vorgenommen werden.

Die Lambeth Brücke, die die alte, von Pferden gezogene Fähre ersetzt, führt direkt zu den Victoria Tower Gardens. In der Nähe der **Houses of Parliament** zieht eine düstere starre Schar die Vorbeigehenden in ihren Bann. Die *Bürger von Calais,* Rodins bewegende Darstellung des Schicksals der Geiseln von Edward III., ist zweifellos ein Meisterwerk moderner Bildhauerkunst.

Museum of Garden History

Direkt gegenüber mündet die **Great College Street.** Rechts war der Abteigraben. Unter unseren Füßen floß ein Arm des Tyborn, des Flusses, der die Thorney Island, auf der Westminster Abbey stand, vom Festland trennte. Durch ein Tor in der Mauer kommt man in den **Abbey Garden** (nur Donnerstag 10.00–18.00 Uhr), der der älteste Park des Landes sein soll. Sicher ist, daß er Jahrhunderte lang von Mönchen als ein Kräutergarten genutzt wurde, und es gibt Anzeichen

dafür, daß er zur Entwässerung auf einem Bett aus Austernschalen angelegt wurde.

An der Straßenbiegung liegt der Eingang zum eindrucksvollen **Dean's Yard,** rechts die restaurierten, an Kloster erinnernden Gebäude der **Westminster School,** die ihren Ursprung in der Abtei selbst hat. Verläßt man den Garten durch den Bogen des Bürohauses, sind rechts Westfassade und Eingang zur **Westminster Abbey.** Bemerkenswert an diesem kathedralenähnlichen Gebäude im Herzen der Stadt ist die Tatsache, daß es noch erhalten ist. Wäre die Abtei nicht Krönungsort und letzte Ruhestätte von Königen und Königinnen, ja sogar ehemaliger Regierungssitz, so wäre sie bestimmt dem Verfall überlassen worden. Ihr Schicksal hat die Abtei jedoch nicht vor den Händen der Restaurateure bewahrt, und blickt man auf die Westtürme, spürt man wenig von der großen normannischen Kirche. Was wir sehen, ist pures England aus dem 18. Jahrhundert.

Großartig ist der erste Eindruck des Inneren vom Westportal aus. Die Arbeit am Schiff wurde im 14. Jahrhundert von Henry Yvele ausgeführt, paßt sich aber gekonnt den Vorgaben von Henry de Reynes an, die bereits hundert Jahre älter sind. Die Proportionen lassen den Blick unwillkürlich zur Decke gleiten, der höchsten von England, und in die Tiefe des Längsschiffes. Die **Kapelle Heinrich VII.**, erst 1519 fertiggestellt, ist mit ihrem spektakulären Deckengewölbe und den überaus riesigen Fenstern, die erst durch die Strebebogen ermöglicht werden, zweifellos das beeindruckendste Element der Abtei. Über dem Gestühl hängen die Banner und Wappen des Knights of the Bath Ritterordens. Wer etwas über das wirkliche Leben im Mittelalter kennenlernen möchte, sollte jetzt gut aufpassen. Seinerzeit war es üblich, daß Männer ihre Ehefrauen schlugen.

Kapelle Heinrich VII.

Schotten sollten jedoch, ihrem Blutdruck zuliebe, den Krönungsthron meiden. Der für König Edward I. angefertigte Stuhl soll den alten Scone-Stein enthalten, den die Engländer im Jahre 1296 erbeuteten.

Die Tate Gallery…

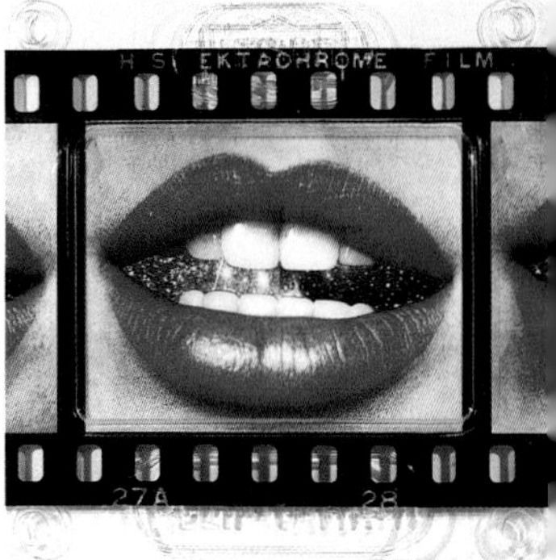

Neben der Chapel of the Pyx in der normannischen Gruft ist das **Museum,** ein Mini-Tussaud's mit lebensechten Masken, die für Beerdigungen gefertigt wurden. Hier kann man Heinrich VII., Elisabeth I., Charles II. und Nelson sehen. Die größte Attraktion ist die **Poet's Corner.** Angefangen hat alles mit Geoffrey Chaucer, der hier im Jahre 1400 begraben wurde. Dann, im 18. Jahrhundert, ist die Sache wohl etwas außer Kontrolle geraten, und die Ecke glich eher dem Skulpturensaal der Royal Academy. In den Cloisters kommt man den Anfängen der Abtei als Benediktinerkloster noch am nächsten. An der Nordseite arbeiteten die Mönche an Handschriften, und im Refektorium an der Südseite nahmen sie ihre Mahlzeiten ein. An der Ostseite wurden sie bestattet. Im **Chapter House,** dessen Bedeutung eher weltlicher als religiöser Natur ist, traf sich 1257 das Great Council. Von Edward I. bis Heinrich VIII. diente es außerdem als Parlament der Commons. An den Büroblocks vorbei oder rechts um die Abtei herum geht es in Richtung St. Margaret Westminster, wo die Parlamentsmitglieder ihre Sünden beichten.

Überqueren Sie Old Palace Yard. Die mittelalterliche **Westminster Hall** sticht unter der viktorianischen Neugotik hervor. Sie ist das einzige Gebäude des Westminster Palace, das das verheerende Feuer von 1834 überstanden hat. Die 1349 von Henry Yvele renovierte Westminster Hall gilt als eines der schönsten Holzdachbauwerke Europas. Der Komplex der beiden Häuser wurde von Barry entworfen, während die Detailarbeit, besonders das Innere, von Pugin stammt. Als das Parlament 1860 fertig war, wurde Barry geadelt, und Pugin wurde verrückt. Von der Besuchergalerie (14.30–22.00 Uhr während der Sitzungszeit, Eingang am Victoria Tower), kann man das Parlament bei der Arbeit sehen.

Von Millbank biegt man rechts in die Great Peter Street und dann links in die **Lord North Street,** ein wahres Abgeordneten-Getto, wo in den georgianischen Häusern immer wieder die Glocken bimmeln, um die Abgeordneten zu einer anstehenden Abstimmung zu rufen. Am Ende der Straße paßt die barocke Silhouette von **St. John** am Smith Square immer noch nicht so ganz ins Bild. Über sie haben sich schon die Kunstkritiker des 19. Jahrhunderts aufgeregt. Über Millbank kehrt man schließlich in die Horseferry Road zurück und erreicht die **Tate Gallery** (Montag–Samstag 10.00–17.30 Uhr, Sonntag 14.00–17.30 Uhr). Die Station Pimlico an der Jubilee Line ist an der Vauxhall Bridge Road zu finden.

… mit Der Kuß von Rodin

Wahl-

1. Chelsea

Ein Nachmittagsbesuch in Londons ältestem Garten, der Heimat vieler bekannter Dichter; flüchtiger Blick auf den Sonnenuntergang an der Themse.

– Sloane Square Station, Circle und District Line.
Bus von Piccadilly –

Chelsea besteht nicht nur aus der King's Road. Wenige Schritte von den Boutiquen, Antikläden und Bistros entfernt liegt das von Whistler so geliebte und oft in Gemälden festgehaltene Dörfchen am Fluß. Nicht daß King's Road ein schlechter Anfang wäre. Schon der elegante Schwung, mit dem die Architekten des Kaufhauses **Peter Jones** eine Verbindung zwischen Sloane Square und der Straße schufen, ist eine kleine Meisterleistung der Baukunst der 30er Jahre.

Das umstrittene Theater Royal Court

Auf der gegenüberliegenden Seite des Sloane Square liegt das **Royal Court,** ein Theater mit dem Mut zum Experiment. Die Lower Sloane Road führt zur Royal Hospital Road und gleich hinter dem Old Burial Ground (Alter Friedhof) zum Haupttor des **Royal Hospital** (Montag–Samstag 10.00–12.00 Uhr, 14.00–16.00 Uhr, Sonntag 14.00–16.00 Uhr). Charles II. hat sich an Ludwig XIV. ein Beispiel genommen und seinen Veteranen ein Heim nach dem Modell des Hotel des Invalides in Paris gebaut. Sir Christopher Wren hat in seinem Entwurf auf eine kalte, abweisende Anstalt verzichtet und statt dessen eine sympathische und mitfühlende Lösung gefunden, die die englische Architektur nachhaltig positiv beeinflussen sollte. In der 1691 geweihten **Kapelle** ist eine hervorragende *Auferstehung* von Sebastiano Ricci zu

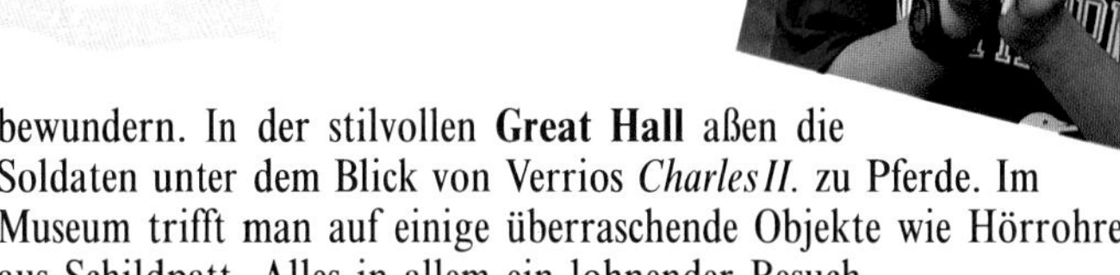

bewundern. In der stilvollen **Great Hall** aßen die Soldaten unter dem Blick von Verrios *Charles II.* zu Pferde. Im Museum trifft man auf einige überraschende Objekte wie Hörrohre aus Schildpatt. Alles in allem ein lohnender Besuch.

Wo im 18. Jahrhundert Ranelagh, Londons berühmtester Vergnügungspark war, ist heute ein zum Hospital gehörender Garten. Der Pfad durch das Hospital führt an der Westseite zur Infirmary Road, hinter den Ställen trift man wieder auf die Royal Hospital Road. Links, in der Tite Street Nr. 34, ist Oscar Wildes „House Beautiful“, in dem er *Woman's World* herausgab.

Vom Embankment geht man den Swan Walk neben dem **Chelsea Physic Garden** (April–Oktober: Sonntag 14.00–18.00 Uhr, Mittwoch 14.00–17.00 Uhr, Tel.: 0171/3525646) hoch. Der nach Oxford zweitälteste Botanische Garten des Landes wurde 1673 von der *Society of Apothecaries* gegründet. Tausende von seltenen und ungewöhnlichen Pflanzen, einschließlich dem größten Olivenbaum im Freien und – Tee! Wo das Chelsea Embankment und die Royal Hospital Road aufeinandertreffen, sind zwei der wichtigsten Häuser der 70er Jahre des letzten Jahrhunderts, nämlich **Cheyne House** und das sehr originelle **Swan House,** beide von Norman Shaw. Cheyne Walk

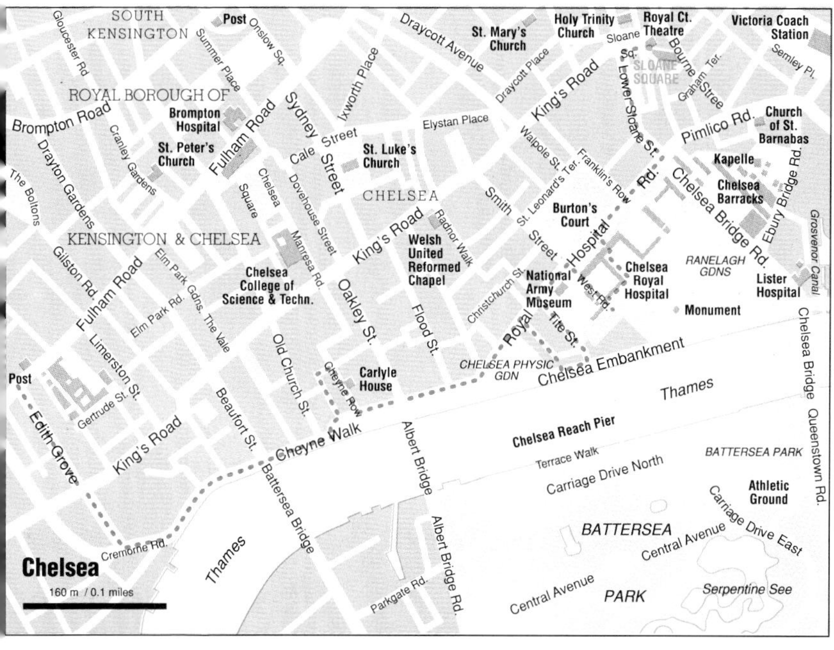

Chelsea
160 m / 0.1 miles

Die Statue von Thomas More

kreuzt die Oakley Street und wird nun von den Domizilen der Reichen und Einflußreichen gesäumt. Sogar die Parkplätze sind „For Diplomats' Cars Only". Nur Gärten und eine Straße trennen den Weg vom Fluß. Rechts in der Cheyne Row findet man ein wirklich gutes Pub, King's Head and Eight Bells. Im **Carlyle House** (April–Ende Oktober: Mittwoch–Sonntag und Bank-Holiday-Montage 11.00–17.00 Uhr) scheint die Zeit stillzustehen. Der schottische Historiker Thomas Carlyle zog 1834 mit seiner Frau Jane in das Haus aus dem 17. Jahrhundert ein. Sie renovierten es komplett im viktorianischen Stil, tapezierten über die Vertäfelung und hinterließen es so, wie es sich heute dem Besucher präsentiert – mit Büchern, Möbeln und Bildern.

Die Farbe von King's Road

Am Ende der Cheyne Row zweigt links die Upper Cheyne Row ab, von der aus man links auf die **Lawrence Street** trifft, in der zwischen 1745 und 1784 die Chelsea Porzellanmanufaktur war. Auf halber Höhe der Lawrence Street biegt eine faszinierende Seitengasse ab, der **Justice Walk,** aber wir halten uns nicht auf und gehen geradeaus weiter in Richtung Cheyne Walk, direkt auf einen vergoldeten Sir Thomas More zu, Chelseas wichtigsten Sohn. Der Kanzler von Heinrich VIII. wanderte in den Tower, wo er 1535 geköpft wurde, nachdem er sich, seines drohenden Schicksals wohl bewußt, auf seine letzte Ruhestätte in der **Chelsea Old Church** vorbereitet hatte.

Die 1941 von einer Mine fast vollständig zerstörte Kirche wurde aus den Scherben liebevoll wiederaufgebaut und sieht sozusagen so gut wie alt aus. Unter den vielen bedeutenden Monumenten für bedeutende Persönlichkeiten sind zwei geschnitzte Kapitelle von Holbein.

Noch weiter westlich, über die Church Street hinaus, ist **Crosby Hall** (Montag–Freitag 10.00–13.00 Uhr, 14.00–17.00 Uhr, Samstag und Sonntag 14.00–17.00 Uhr), die zwar das älteste Haus in Chelsea ist, sich aber erst seit 1910 hier befindet. Der Blick flußaufwärts vom westlichen Ende des **Cheyne Walk** ist immer noch ein romantisches Erlebnis und war bestimmt ein Grund, warum so viele Künstler und Literaten hierhergezogen sind – Whistler und Brunel ins Lindsey House, Hilaire Belloc, Walter Greaves, Wilson Steer und Turner.

In **Cremorne,** einem verlotterten Garten, wendet sich die Straße dann plötzlich vom Fluß ab. Edith Grove rechts bringt Sie sicher zu den King's Road Bussen.

2. Belgravia, Knightsbridge und South Kensington

Erst ein Mittagsmahl in einem der vielen interessanten Pubs, danach zu Harrods und, falls Sie noch nicht müde sind, noch zu vier wunderbaren Museen.

– Piccadilly Line bis zur Hyde Park Corner. Busse vom Piccadilly –

Hyde Park Corner mit seinem permanenten Verkehrschaos ist zu gefährlich, um lange zu verweilen. Besser, man macht sich gleich auf den Weg, die Knightsbridge hinunter und dann die wenig ansprechende Gasse links zum **Old Barrack Yard.** Der Duke of Wellington ließ vor der Schlacht von Waterloo seine Mannen hier antreten.

Über die Wilton Crescent Mews links und den Wilton Crescent rechts kommt man zum Wilton Place. Gegenüber **St. Paul's,** wo sich die Hautevolee ewige Treue verspricht, führt ein enger Durchgang zur Kinnerton Street, einst die Dorfstraße der Stallburschen und Kutscher, Butler und Diener. Nur spärlich versteckt gibt es die Remisen und Heuställe, genau wie die Pubs, immer noch. Das winzige **Nag's Head** (Pferdekopf) ist unter dem Namen „11£ Pub" bekannt. Für diese Sum-

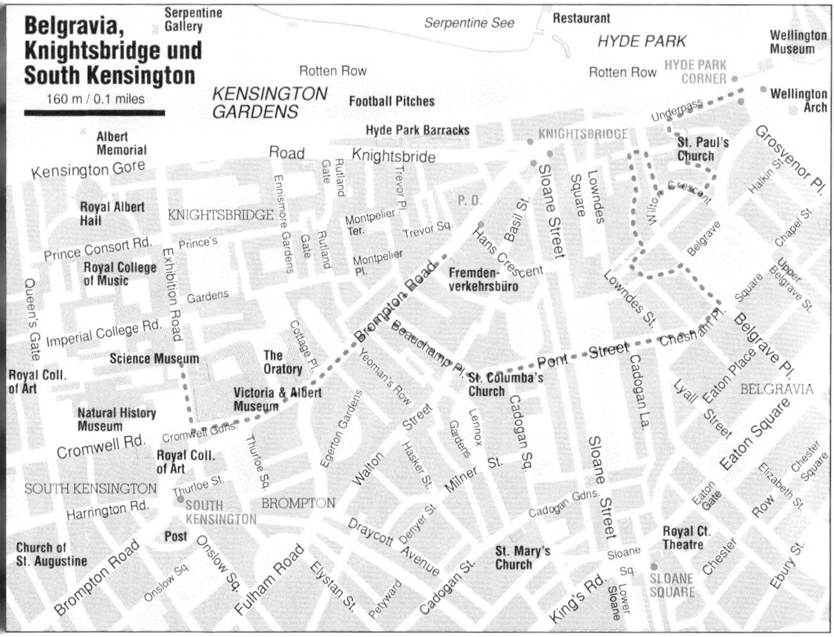

Belgravia, Knightsbridge und South Kensington

160 m / 0.1 miles

Harrod's, Knightsbridge

me wurde es 1923 verkauft. Die Motcomb Street kämpft mit der Bond Street um die Ehre der kunstvollsten Schaufenster. Die 90er Jahre des letzten Jahrhunderts spürt man noch in Michael Parkins **Sickerts.** Die meisten der Galerien dieser Straße freuen sich zwar über Besucher, doch muß der Gast meist die Türglocke betätigen.

Gegenüber lockt eine Arkade in die West Halkin Street. Links um die Ecke führt ein Torbogen zu den Belgrave Mews West. **The Star** ist ein Bilderbuch-Pub, ruhig und gemütlich, obwohl er heute von einer ganz anderen Klientel frequentiert wird als vor hundert Jahren. Zurück am Torbogen erreicht man rechts den **Belgrave Square,** eine der nobelsten Adressen der Stadt. Die pompösen Fassaden lassen den Platz etwas bedrohlich erscheinen, daher wendet man sich an der südwestlichen Ecke erleichtert in die Pont Street.

Mit Weißwein und Seltzer wartete Oscar Wilde in Zimmer 53 des **Cadogan Hotels** am Cadogan Square darauf, daß die Polizei ihn abholte. Pont Street endet an der Walton Street, die einen kurzen Feinschmecker-Stop verdient. Am **Beauchamp Place** mischen sich Geschäfte, Restaurants und Boutiquen zu einem bunten Straßenbild. In der Brompton Road, ein paar Meter weiter, war 1848 ein winziger Lebensmittelladen. Aus der Klitsche der Brüder **Harrods** ist das größte Kaufhaus Europas geworden. Über die 66 Schaufenster, 214 Abteilungen, einen eleganten Herrenfrisiersalon sowie die unvergleichliche Art-déco-Damentoilette streiten sich die mächtigsten Bankiers wie Fürsten über ein Königreich.

Auf der gegenüberliegenden Seite der Brompton Road ist das **Victoria and Albert Museum** (Montag–Samstag 10.00–18.00 Uhr, Sonntag 14.30–18.00 Uhr), Tor zu der Kulturstadt und -stätte, die anläßlich der Weltausstellung im Hyde Park 1851 gebaut wurde. Die von den Viktorianern oft verspottete Glas- und Eisenkonstruktion wurde 1867 abgebaut und ins East End verfrachtet, wo sie das Museum of Childhood beherbergt. Das heutige V&A, 1909 fertiggestellt, zeigt als Teil der Museumsmeile an der Exhibition Road eine Sammlung dekorativer Kunst, die zu umfangreich ist, um sie hier detailliert zu beschreiben. Auf der gegenüberliegenden Seite der Exhibition Road bietet das **Natural History Museum** (Montag–Samstag, 10.00–18.00 Uhr, Sonntag 14.30–18.00 Uhr) nicht nur viktorianische Architektur. In dieser Straße ist auch das **Science Muse-**

Das Natural History Museum

um (Montag–Samstag 10.00–18.00 Uhr, Sonntag 11.00–18.00 Uhr), ein Paradies für alle naturwissenschaftlich Interessierten. Eine spannende Reise zum Mond oder zum Mittelpunkt der Erde tritt man im **Geological Museum** an, einem Teil des Natural History Museum (Montag–Samstag 10.00–18.00 Uhr, Sonntag 14.30–18.00 Uhr). Erfrischungen, ein Museumsbesuch macht durstig, gibt es überall.

South Kensington Station, wo die Piccadilly und die District Lines halten, ist nur ein paar Schritte über die Cromwell Road; Busse in Richtung Piccadilly halten vor dem Victoria and Albert Museum.

3. Hyde Park

Ein gemütlicher Morgen- oder Nachmittagsspaziergang durch den Hyde Park, am Apsley House vorbei in die Serpentine Gallery und schließlich zu den State Apartments am Kensington Palace.

– Hyde Park Corner Station, Piccadilly Line –

Am 1. Mai 1660 schrieb Samuel Pepys in sein Tagebuch: „Der Tag war so schön, ich wäre gerne im Hyde Park gewesen.“ Die Tatsache, daß auch 300 Jahre später an schönen Tagen dieser Wunsch noch genauso lebendig ist, beweist die anhaltende Beliebtheit dieses bezaubernden Parks im Herzen einer radikal veränderten Stadt.

Für den Herzog von Wellington war der Hyde Park der Hausgarten. Im **Apsley House** (Dienstag–Sonntag 11.00–17.00 Uhr,

Hyde Park Corner

Montag geschlossen), dem ersten (oder letzten) Haus in Piccadilly, auch die „No. 1 London“, wohnte der Sieger von Waterloo von 1817 bis zu seinem Tod im Jahre 1852. Seine Architekten verzierten den Ziegelbau von Robert Adam mit Steinen, Säulen und einem Portikus, aber im Treppenhaus, dem Drawing Room und dem Portikuszimmer ist der Adam-Stil erhalten. Der Duke wurde mit Dankbarkeit überhäuft – in Form von Tellern und Porzellan, Gemälden, einige aus der Kriegsbeute, Skulpturen und Kerzenleuchtern. Ein Geschenk, gute drei Meter hoch, hätte er vielleicht besser ablehnen sollen – eine Statue des nackten Napoleon ziert das Treppenhaus.

Die Fenster überblicken die Rotten Row, die Route du Roi, einst die „Königsstraße“, die den König von Westminster zu seinen hochherrschaftlichen Jagdgebieten brachte. Heutzutage trabt das Bürgertum beim Morgenausritt vorbei. Hyde Park, wo Heinrich VIII. Damwild hielt und mit Anne Boleyn neckische Fang-mich-Spielchen veranstaltete, betritt man durch Decimus Burtons imposanten Triumphbogen, der den gefährlichen Verkehr am Hyde Park Corner aussperrt.

Die Serpentine Road führt am Bandstand, der Bühne, vorbei, bevor sie auf das Nordufer des **Serpentine** trifft. Der gar nicht serpentinenförmige See entstand im Jahre 1830 auf Wunsch von Königin Caroline, indem der Westbourne gestaut wurde. Ihr Mann George wäre sehr wütend geworden, hätte er gewußt, daß der Premierminister ihr das meiste Geld für dieses Projekt zugesteckt hatte. Vom

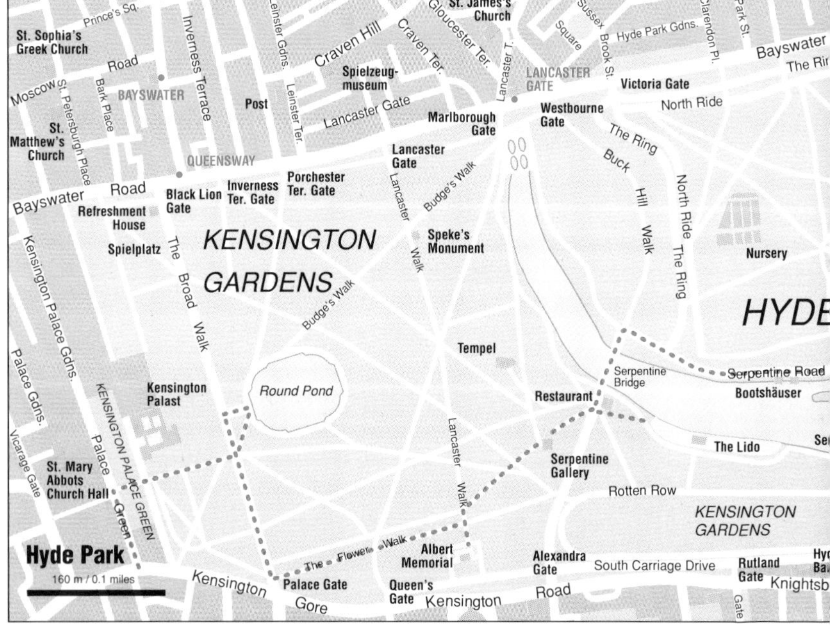

Kensington Gardens und Schloß

Ufer hinter dem **Dell Café** blickt man über das Wasser zu den Household Cavalry Barracks, die zusammen mit dem Hilton Hotel die Verantwortung für die Verschandelung der Park-Skyline zu tragen haben. Zwischen dem Ufer und den Barracks erhob sich der gläserne Tempel der Weltausstellung von 1851.

Kurz vor der Brücke erinnert – zurückgesetzt und von Bäumen beschattet, mit einem eleganten Wasserbecken im Vordergrund – Jacob Epsteins *Rima* an W.H. Hudson. Es wurde 1925 enthüllt, begleitet von Haßtiraden und mit grüner Farbe und Hakenkreuzen übersät. Die Vögel lieben es – und das war ja auch beabsichtigt. Das Powder Magazine trägt einen kriegerischen Namen, ist aber eher langweilig, sehenswert dagegen der Blick von Rennies wunderschöner Brücke. Im Lido kann man von 6.00 Uhr morgens bis zum Sonnenuntergang baden.

Gleich gegenüber öffnen sich die bezaubernden **Kensington Gardens,** ein Vergnügen, das uns heute verwehrt wäre, wenn sich Königin Caroline mit ihren Plänen durchgesetzt und die Gärten unmittelbar am Kensington Palace angelegt hätte. Premierminister Walpole schätzte die Kosten auf „Only a Crown, Madam". Die **Serpentine Gallery** veranstaltet immer wieder wichtige Ausstellungen, aber eigentliches Kleinod ist William Kents entzückender **Tempel.** Das schockierende Kontrastpro-

Marble Arch
Marble Arch
Cumberland Gate
Speakers' Corner
Restaurant
Underground Car Park
Park Lane
Broad Walk
Green Street
Upper Brook St.
MAYFAIR
St. Mark's Church
Grosvenor
Roosevelt Mem.
Grosvenor Square
Brook Street
Davies Street
Grosvenor Street
South Street
Post
Church of the Immaculate Conception
Mount Street
Grosvenor Chapel
ST. GEORGE'S GDNS.
Park Lane
Subway
South Street
Hill Street
Audley St.
Charles Street
PARK
Curzon St.
Broad Walk
Subway
Hertford St.
Down St.
Restaurant
Serpentine Road
Achilles Statue
Christ Church
Wellington Museum
Underpass
Rotten Row
HYDE PARK CORNER
Hyde Park Corner
GREEN PARK
South Carriage Drive
Underpass
Wellington Arch
KNIGHTSBRIDGE
Grosvenor Cres.
Grosvenor Place
St. Paul's Church
PALACE GARDENS

Das Albert Memorial

gramm dazu ist das **Albert Memorial,** der mit Juwelen bestückte Schrein für den Prinzgemahl Victorias. Man mag es lieben oder auch hassen, es ist auf jeden Fall eine eindrucksvolle Verkörperung der viktorianischen Ideale und Werte.

Der Flower Walk mündet in den Broad Walk, der rechts an der Königin Victoria Statue (von deren Tochter Prinzessin Louise geschaffen) vorbei zum **Round Pond** führt. Links ist ein Eingang zum **Kensington Palace** (wochentags 9.00–17.30 Uhr, Sonntag 11.00–17.30 Uhr), der immer noch von den Mitgliedern der königlichen Familie bewohnt wird. Die Tatsache, daß sie ihr Domizil mit den Gästen der **State Apartments** und der **Court Dress Collection** teilen, sagt viel über den veränderten Charakter der Monarchie aus. Auch dieser Palast begann seine Karriere als ein Privathaus. Nachdem ihn William III. gekauft hatte, nahmen zuerst Wren, später dann William Kent für George I. ein paar kleinere Veränderungen vor.

Nördlich schließt sich die **Orangerie** an (Montag–Samstag 10.00–17.00 Uhr, Sonntag 12.00–17.30 Uhr). Queen Anne nahm gerne hier ihren Tee, und auch Sie werden es sicher genießen. Eine weitere Attraktion ist fast ein Geheimnis: die versunkenen „holländischen" Gärten neben dem Eingang. Vom Pfad aus erhascht man durch das ineinander verschlungene Geäst der Zitronenbäume gelegentliche Blicke auf den Lilienteich. Ein weiterer Pfad an der Südfassade des Palastes durchquert den schattigen Palace Green und die Kensington Palace Gardens. Einige aufmerksame Polizisten bewachen die verschiedenen Botschaften. Wir flüchten am besten in Richtung Kensington High Street.

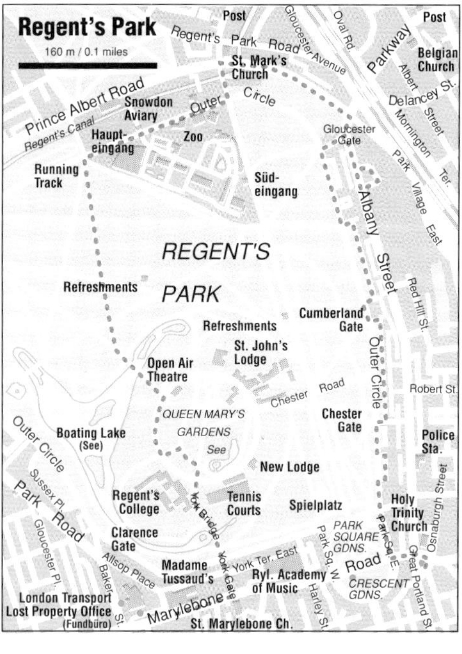

4. Regent's Park

Ein Rundgang durch den Zoo mit einigen schönen Beispielen der Regency-Architektur; die Queen Mary's Gardens; Madame Tussaud's und London Planetarium.

– Great Portland Street Station, District Line –

Utopisch. Wie sonst sollte man John Nashs Entwurf für den vom Prinzregenten neuerworbenen **Marylebone Park** nennen? Ein Palast war geplant, Villen für den Adel, Terrassenhäuser fürs Bürgertum, bescheidene Wohnungen für die Arbeiter, Kirchen, ein Markt, Soldatenunterkünfte an einem See, ein Landschaftsgarten an den Ufern eines Flusses. Mit Ausnahme des Palastes, acht anstelle von 50 Villen und dem Fluß, der in den Regent's Canal eingezwängt wird, ist alles wie geplant.

Einen ersten Gesamteindruck erhält man von der **Park Crescent.** Unten, an der Marylebone Road, sollte Europas größter runder Platz entstehen. In der Mitte der Terrasse Park Square East ist das **Diorama,** wo Daguerre, einer der Erfinder der Fotografie, 1823 ein Unterhaltungsetablissement eröffnete. Das Publikum bewegte sich durch riesige, kreisförmig ausgerichtete Gemälde, die von Licht- und Raucheffekten, optischen Täuschungen und Musik zum Leben erweckt wurden. Hauptattraktion bildete ein Erdrutsch, der ein Schweizer Dorf unter sich begrub. Die Zukunft des Gebäudes ist unsicher, aber die Ausstellungen können noch besichtigt werden.

Am St. Andrews Place werden in Sir Denys Lasduns hochmodernem **Royal College of Surgeons** Ärzte ausgebildet. Das Auditorium der Schule ähnelt einem gigantischen Wal. Am Outer Circle hat das viktorianische Cambridge Gate den Platz des ehemaligen Colosseum eingenommen, das einst ein Panorama der Stadt London von der Kuppel St. Paul's beherbergte, Unterseehöhlen sowie eine Art afrikanische Schlucht voller ausgestopfter Tiere. Vor einer kleinen Villa links vom **Chester Gate** steht die Büste eines Mannes mit „rundem Kopf, Stubsnase und kleinen Augen", wie Nash sich selbst beschrieben hat. Das spitzbübische Lächeln hat er vergessen.

Die **Chester Terrace,** so lang wie die Tuilerien, genießt man am besten vom Park aus oder durch die Triumphbögen an den Nord- und Südenden. Nash und der Bauherr gerieten über die Bögen an-

Entspannen im Regent's Park

Das Royal College of Surgeons

Regent's Park und Telecom Tower

einander. Nash mißbilligte die freistehenden Häuser parallel zur Hauptterrasse, mußte sie aber letztendlich doch integrieren. Mit der dreibogigen Verbindung ist ihm eine elegante Lösung geglückt. Nash widmete der angrenzenden **Cumberland Terrace,** dem gelungensten Ensemble am Park, besondere Aufmerksamkeit, da aus dem geplanten Palast der Blick direkt auf sie gefallen wäre. Die Figuren an der Säule hingegen hat er etwas vernachlässigt, denn sie scheinen zur Skyline zu drängen, um auf eigene Faust der Überbevölkerung zu entkommen.

Das neugotische **St. Katherine's Hospital** ist quasi ein Flüchtling aus dem East End, vertrieben durch den Bau der St.Katherine's Docks im Jahre 1825. Hinter dem Gloucester Gate überquert man links die Albany Street zum **Park Village West,** einer viktorianischen Gartensiedlung mit hübschen Villen. Besonders reizvoll liegt das **Octagon House** zwischen den Bäumen im Garten an dem trockengelegten Kanal.

Im Londoner Zoo

Von der Albany Street am Ende des Village kehrt man zurück zur Kanalbrücke und biegt links in die Prince Albert Road. Ein kurzer Arm des Kanals führte zum **Cumberland Basin,** der als Heumarkt diente. Vom **Gallery Boat** weht der Duft von köstlicher Won Ton Suppe, Krabben à la War Tat und knuspriger Ente herüber. Ebenso vielversprechend ist der Gipfel des **Primrose Hill,** rechts, mit seinem herrlichen Ausblick über die Stadt. Wem jedoch die Gipfelstürmerei zu anstrengend ist, darf links über die Brücke Richtung Inner Circle und den **Zoo** abbiegen (täglich 9.00–17.30 Uhr). Die Zoologische Gesellschaft hat schon 1826 ein Stück aus dem Park herausgebissen, gegen den Willen der Anwohner, die ihr Terrain nicht mit Löwen und Leoparden teilen wollten. Zweibeiner werden in **Raffles Restaurant** und dem **Fountain Coffee Shop** abgefüttert.

Müde? Der 274er Bus bringt Sie zurück zur Oxford Street. Oder lieber eine Erholungspause im Grünen? Der erste Eingang links hinter dem Zoo und der zweite Pfad rechts führt über die Brücke und trifft am Holme auf den Inner Circle. **Queen Mary's Gardens** werden vom Inner Circle umschlossen. Links ist der Eingang zum **Freilufttheater,** rechts zum Café und zu den Rosen- und den Wassergärten.

Gegenüber ist das York Gate zum Park und die **St. Marylebone Kirche,** von Nash als Blickfang genutzt. In der Baker Street warten die Schrecken von Marie Tussaud's Wachsfigurenkabinett, das die Besitzerin 1802 aus Paris mitgebracht hat. Seien Sie nicht enttäuscht, wenn Ihr Lieblingspopstar zusammengeschmolzen ist. Sogar **Madame Tussaud's** (täglich 9.00–17.30 Uhr) muß mit der Zeit gehen. Sternengucker finden im **Planetarium** (Montag–Freitag 12.20–17.00 Uhr, Samstag und Sonntag 10.20–17.00 Uhr, Vorstellung alle 40 Minuten) nebenan vielleicht die Ziele ihrer Wünsche.

Die Baker Street Station für die Metropolitan, Bakerloo und Circle Lines ist für eine Rückfahrt gleich in Ihrer Nähe.

5. South Bank

Entlang der Themse zu den umstrittensten Gebäuden in London – der Hayward Gallery und dem National Gallery Complex; Impressionisten im Somerset House und das London Shakespeares.

– Embankment Station, Northern und Circle Lines –

Shakespeares Zeitgenossen fuhren noch mit dem Boot ins Theater. Ihnen blieb auch keine andere Wahl – die City hatte Theater, Bären- und Stierkämpfe sowie Bordelle auf die andere Seite des Flusses verbannt, auf die South Bank. Heute sieht die Unterhaltungsindustrie schon etwas anders aus, und die South Bank bietet dementsprechend nicht nur Theater, sondern auch Ausstellungen, Restaurants, Cafés, Pubs und Geschäfte entlang des Themse-Boulevards.

Von der **Embankment Station** geleitet uns eine Treppe zum Fußweg über die Eisenbahnbrücke am Charing Cross. Der Blick auf St. Paul's gehört zum Pflichtprogramm. Klettert man von den Höhen der Brücke abwärts, sieht

Aussicht von der Royal Festival Hall aus

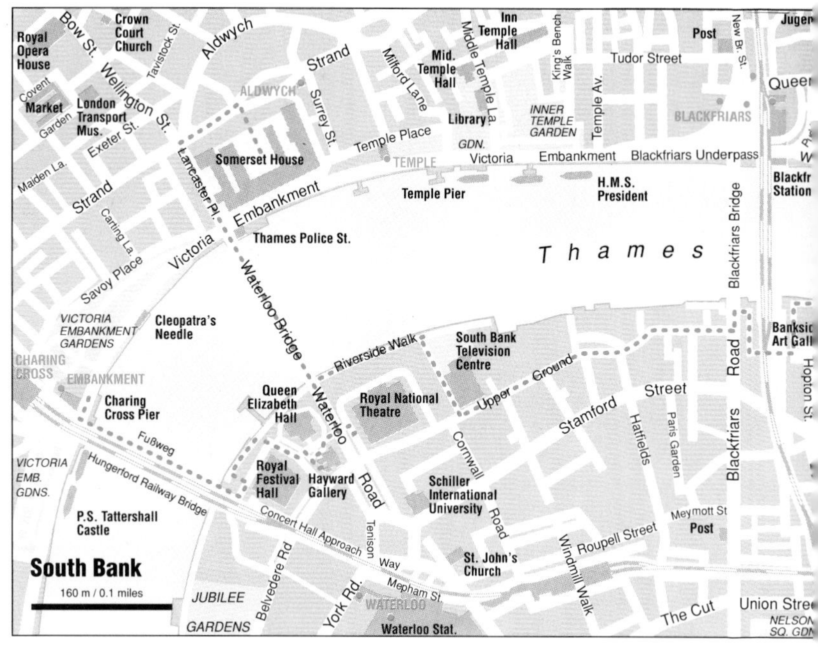

man links schon das einzige Überbleibsel des Festival of Britain 1951, die **Royal Festival Hall** (mit Ausstellungen im Foyer, täglich 10.00–22.00 Uhr). Das tolle Interieur und die Flußterrassen machen sich sehr gut für Galaabende; turnusmäßige Wechselausstellungen verändern regelmäßig das Haupt- und das obere Foyer. Die Entscheidung, welche der sieben Buffets oder Bars man nun aufsuchen soll, wird von klassischer Musik untermalt. Und natürlich gibt es hier auch einen Buchladen. Das Ganze ist kostenlos. Am Festival Pier nimmt Sie ein Riverbus mit auf eine kleine Kreuzfahrt, oder wie wär's mit einem Konzert in der Queen Elizabeth Hall oder dem Purcell Room?

Zahlreiche blinkende Neonlichter in der **Hayward Gallery** (täglich 10.00–18.00 Uhr) kündigen eine bedeutende Kunstausstellung in dem Betonbunker an. An den Buchständen unter der **Waterloo Bridge** fühlt man sich plötzlich wie in Paris. Auch für Cineasten ist etwas geboten: das **National Film Theatre** (Tageskarten erhältlich) und das **Museum of the Moving Image** (täglich 10.00–18.00 Uhr).

Der lange Arm der Kultur reicht über die Waterloo Bridge hinaus. Die Beamten wurden aus dem **Somerset House** am Nordufer hinauskomplimentiert, um Platz für die früher in Bloomsbury ansässige **Courtauld Collection** (Montag–Samstag 10.00–18.00 Uhr, Sonntag 14.00–18.00 Uhr) zu schaffen. Viele alte Bekannte wohnen jetzt hier nebeneinander – van Gogh, Gauguin, Cézanne, Rubens, Leonardo, Rembrandt – eine feine Gesellschaft also.

Das **Royal National Theater** umfaßt insgesamt drei Theater sowie neun Bars und Buffets. Kleine Märkte und der OXO-Turm sorgen für etwas Kurzweil auf dem Weg zur **Blackfriars Bridge.** Auf der anderen Seite der Blackfriars Road führt die Bankside um ein Kraftwerk herum. Das Privathaus an der Ecke der Gasse ist ein

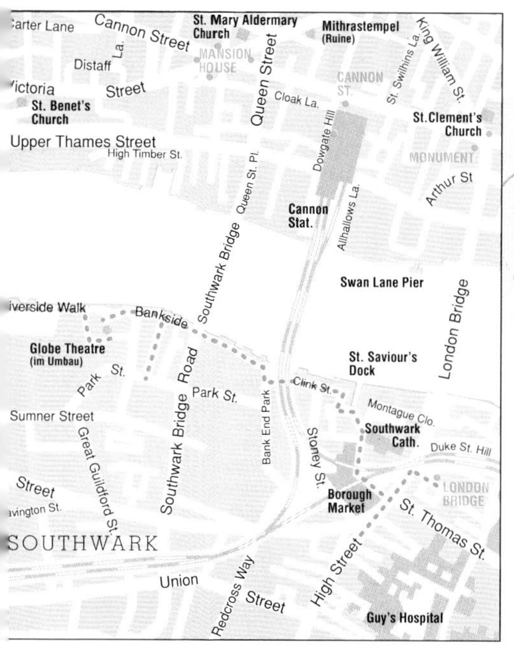

Nachfolger des berüchtigten Wirtshauses Cardinal's Hat, nach Kardinal Wolsey benannt. Das **Bear Gardens Museum** erzählt den Besuchern allerlei alte Geschichten (Montag–Samstag 10.00–17.00 Uhr und Sonntag 14.00–17.30 Uhr).

Im Bank End an der Eisenbahnbrücke wartet das freundliche **Anchor** (Barbeque Montag–Freitag 12.00–15.00 Uhr, 17.30–21.30 Uhr, Samstag und Sonntag 12.00–21.30 Uhr). In den letzten 200 Jahren hat sich nur wenig geändert. In dem Haus hinter den Bögen residierte der Bischof von Winchester im 13. Jahrhundert. Das berüchtigte Gefängnis des Bischofs, „The Clink“, gab der Straße ihren bezeichnenden Namen und ist wiederum als ein Dialektwort für Gefängnis in die englische Umgangssprache eingegangen. Die Ausstellung im **Clink** (täglich 10.00–18.00 Uhr) enthält nicht immer jugendfreie Exponate aus einer Zeit, als die Anwohner ihre Waren noch zollfrei am St. Mary Overy Dock an Land brachten und ihre allzu zänkischen Frauen auf den berüchtigten Tauchstuhl binden ließen. Ein Dreimaster, die **Kathleen and May**, liegt im Dock. Vom **Old Thameside Inn** hat man einen herrlichen Blick über den Fluß.

Southwark Cathedral ist eine Schatzkammer für Kirchenrelikte. Von den Wirtshäusern steht heute nur noch das **George Inn.** Blankgescheuertes Holz und ein gemütlicher offener Kamin erinnern noch ans 17. Jahrhundert, auch wenn im Sommer Schwärme von Touristen einfallen.

London Bridge Station ist von hier nur ein paar Schritte entfernt.

St. Bride Kirche

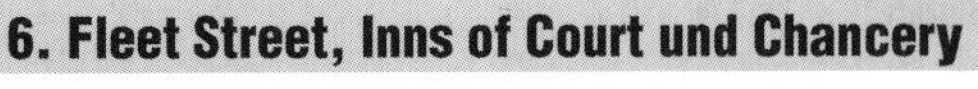

6. Fleet Street, Inns of Court und Chancery

Zur Fleet Street, wo sich interessante Pubs befinden, auch nachdem die Journalisten gegangen sind. Stärkung in einem Pub; ein Erkundungsgang durch die Inns of Court; das besondere Soane Museum und das British Museum.

– Ludgate Circus. Am besten per Bus von Charing Cross –

Zeitungsleute und Rechtsanwälte haben den Charakter dieser alten, zum Fluß Fleet hinunterführenden Straße stark geprägt. Vom Ludgate Circus führt die Fleet Street bergauf, zum Westufer des Fleet, der heute ein unsichtbarer, weil unromantischer Abwasserkanal ist.

Die schmale Bride Lane links gibt den Blick frei auf den Turm von **St. Bride's,** den höchsten der Wren-Türme. Die Kirche wurde von Wren nach dem Großen Feuer 1666 wiederaufgebaut, von deutschen Bomben erneut zerstört und nach dem Krieg zu neuem – anstatt altem – Glanze renoviert. Im faszinierenden **Crypt Museum** (8.15–17.30 Uhr) findet man eine skurrile Ansammlung von Objekten, angefangen bei römischen Straßen über Mauern einer pränormannischen Kirche bis hin zu William Caxtons *Ovid.*

Das Gebäude mit der auffallenden Fassade aus schwarzem Glas und Chrom auf der anderen Seite der Straße war das Gebäude des *Daily Express,* bis in den 80er Jahren die Zeitungen in preiswertere Gegenden abwanderten. In dem mit Säulen versehenen „Palast" ein paar Meter weiter residierte der *Daily Telegraph;* jetzt nutzt eine Bank das Gebäude. Der **Wine Office Court** ist Teil des Labyrinths aus Gassen und Höfen nördlich der Fleet Street. Im **Cheshire**

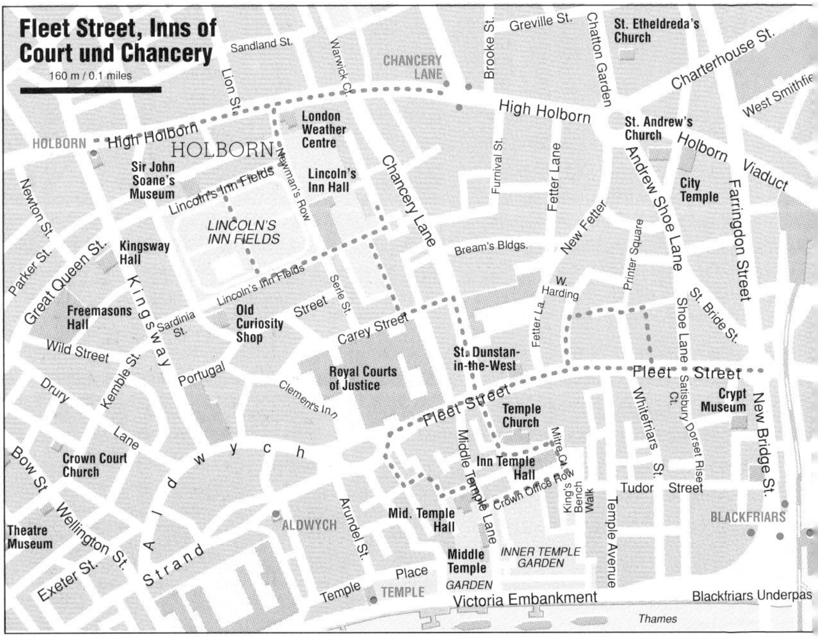

Fleet Street, Inns of Court und Chancery

160 m / 0.1 miles

Gryphon markiert den Stadtrand

Cheese betranken sich schon Dr. Johnson und seine Kumpane, darunter Oliver Goldsmith, der nur bis zu seinem Haus in der Nr. 6 wanken mußte. Dr. Johnson hatte es nur ein bißchen weiter, denn er wohnte ebenfalls gleich um die Ecke am Gough Square (wochentags Mai–September 11.00–17.30 Uhr, Oktober–April 11.00–17.00 Uhr). Samuel Johnson arbeitete von 1748 bis 1759 mit sechs Gehilfen an seinem Wörterbuch. In der Fleet Street zurück findet sich bei Nr. 49 die Bar **El Vino's,** in der sich Journalisten trafen. Bei Feministinnen war diese Bar schlecht angeschrieben, weil Frauen hier nicht bedient wurden.

Hinter der Fetter Lane liegt **St. Dunstan's-in-the-West** mit seinem Uhrturm aus dem 17. Jahrhundert. Als Lud Gate versetzt wurde, wurde sie zusammen mit König Lud und seinen Söhnen hierher gebracht. Gleich darauf erreicht man die Toreinfahrt zum **Clifford's Inn** mit dem auffallenden Wappen der de Cliffords über dem Bogen, der sich zu einer Oase aus Bäumen und Grün öffnet. An der Südseite, der Nr. 1, ist **Child's,** Englands älteste Privatbank. Das Geld der Englischen Königin liegt bei **Coutts & Co.**

Über die Middle Temple Lane erreicht man das Fachwerktor zum **Middle Temple,** einer der traditionellen Juristeninnungen und Rechtsschulen. Es ähnelt sehr dem College in Oxford und ist das juristische Herzstück der Stadt. Im ersten Stock des Inner Temple Gateway (1611) im **Zimmer Prinz Henrys** (10.00–13.00 Uhr, 14.00–16.00 Uhr) schmücken noch die Initialen des Sohnes von James I. die Stuckdecke. Über einen Pfad erreicht man linker Hand die **Temple Church** mit den Grabfiguren der Tempelritter in dem normannischen Rundbau.

Der King's Bench Walk bringt uns an den Gärten vorbei zum Embankment. Von der Middle Temple Lane führt links eine Treppe zum Fountain Court. Durch das Tor erreicht man den Devereux Court, wo sich im **The Devereux,** dem alten „Griechischen Kaffeehaus", Addison, Steele und Goldsmith trafen. Am **Edgar Wallace** vorbei, einem nach dem Kriminalautor benannten Pub, ist die Essex Street. Rechts auf der gegenüberliegenden Seite des Strand sieht man dann schon die **Law Courts.** Hinter dem ziegelnen Antlitz verbirgt sich ein Herz aus Stein, aus 35 Millionen Steinen, um genau zu sein. Eine Stär-

Dr. Johnsons Haus

kung gibt's im Fischrestaurant **Wheeler's,** in **Hodgson's Restaurant and Wine Bar** oder im **Chez Gerard** in der Chancery Lane.

Links in der **Carey Street** ist das **Silver Mousetrap** und das **Seven Stars,** den Dickens-Freunden als „Magpie and the Stump" aus den *Pickwick Papers* bekannt. **Lincoln's Inn** betritt man durch das Kutschtor am Back Gate. Am New Square liegen rechts paradoxerweise die Old Buildings. Die **Old Hall** und die **Chapel** (Montag–Freitag 12.00–14.30 Uhr) stammen noch aus der Regierungszeit Henry VII. Vom New Square verläßt man die Inns in Richtung Fields.

Das **Soane Museum** (Nr. 13, Dienstag–Samstag 10.00–17.00 Uhr, freier Eintritt) ist eine Mischung aus Spiegelsaal, Gruselkabinett und Kirmesattraktion. Die „echte" Kunst kommt jedoch keineswegs zu kurz, z.B. Hogarths *Rake's Progress* und *The Election.* Sie können das Soanne Museum als Einstieg für das großartige **British Museum** (Montag–Samstag 10.00–17.00 Uhr, Sonntag 14.30–18 Uhr, freier Eintritt) betrachten, das nur zehn Minuten zu Fuß entfernt ist. Verlassen Sie Lincoln's Inn über Great Turnstile Richtung High Holborn. Biegen Sie anschließend rechts in die Museum Street ein. Sie könnten das British Museum tagelang durchstreifen, wenn Sie aber in Zeitdruck sind, so sollten Sie wenigstens die Elgin Marbles von der Akropolis ansehen, die der britische Botschafter Lord Elgin im 19. Jahrhundert nach London entführte.

7. St. Paul's und Smithfield

Christopher Wrens bemerkenswerteste Kathedrale; Londons ältestes Krankenhaus; mittelalterliche Alleen und die Denkmäler der St. Johns Ritter und von Karl Marx.

– St. Paul's Station, Central Line –

Am 29. Dezember 1940 wachte ein Schutzengel über die **St. Paul's Cathedral.** Der Bombenregen auf London entfachte einen Feuerkranz um die Kirche, die jedoch wunderbarerweise überlebte. Die Kathedrale wurde zum Symbol des nationalen Widerstands. Der Turm ihrer gotischen Vorgängerin war 1561 von einem Feuer

zerstört worden, der Rest fing an zu verfallen. Inigo Jones verpaßte der Westfassade ein neues Gesicht, aber das Große Feuer traf schließlich die Entscheidung: 1672 begann Wren mit dem Wiederaufbau. Sein erstes Holzmodell, das heute in der Bibliothek der Kathedrale besichtigt werden kann, wurde rundweg abgelehnt. Wrens widerstrebender Kompromiß wurde zu seinem Meisterwerk.

Über die Newgate Street kommt man rechts durch die Giltspur Street zum West Smithfield zurück. Ein blutgetränkter Platz, der jahrhundertelang Hinrichtungen, lodernde Scheiterhaufen und Viehschlachtungen erlebte. Der St. Bartholomew-Jahrmarkt wurde 1840 wegen zunehmenden Gewaltausschreitungen verboten. Um das Zentrum von Gewalt und Unmoral stehen das **St. Bartholomew's,** Londons ältestes Krankenhaus, und die Kirche St. Bartholomew-the-Great. Beide wurden im Sinne humanitärer und religiöser Ideale von Rahere, dem Hofnarren Heinrichs I., gegründet.

Bart's Gate, mit Heinrich VIII. in einer Nische, sieht eher aus wie der Eingang zu einem College-Hof als zu einem Krankenhaus. Links ist die Kapelle **St. Bartholomew-the-Less,** deren neugotisches Oktagon aus dem Jahre 1823 von einem mittelalterlichen Turm geziert wird. Draußen gelangt man durch den Torbogen aus dem 13. Jahrhundert zu **St. Bartholomew-the-Great.** Ihr verstecktes Fachwerk wurde erst durch eine Bombe im Ersten Weltkrieg freigelegt. Das lange vernachlässigte Gebäude beherbergte einmal eine Druckerei in der Lady Chapel, und im nördlichen Querschiff sind die Steine noch ganz schwarz vom Rauch einer Schmiede.

Nr. 41 Cloth Fair zeigt mit seinem Blick über den Kirchhof wie London vor dem Großen Feuer wohl ausgesehen haben mag. John Betjeman beschrieb sein Haus an der gegenüberliegenden Ecke als „das schönste Fleckchen zum Wohnen", bevor das nächtliche Dröhnen der Kühllaster ihn verscheuchte. Ein Stück weiter führt eine Passage zum Long Lane, wo im **Ye Olde Red Cow** der „Hot Toddy" erfunden wurde. An kalten Morgen müssen die in aller Frühe antretenden Fahrer der Fleischtransporter mit dem heißen Grog gegen die

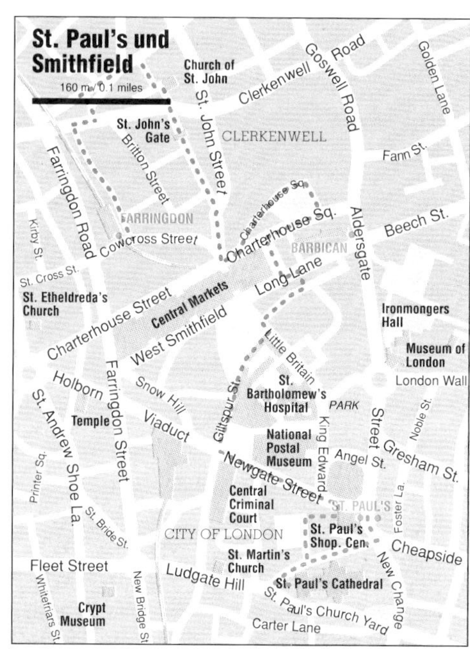

Charterhouse

Müdigkeit kämpfen, was erklärt, warum die Pubs um Smithfield rund um die Uhr geöffnet sind.

Die Lindsey Street trifft auf den Charterhouse Square. Das **Charterhouse** (Führungen von April–Juli, mittwochs 14.45 Uhr) aus dem Jahre 1371 war zuerst eine Karthäuserabtei, später Residenz des Herzogs von Norfolk und dann „Hospital" für mittellose Männer und Schule für arme Jungen. Auf der linken Seite finden Sie das **Fox and Anchor Pub,** in dem seit langem jeweils mittwochs schottischer geräucherter Schellfisch serviert wird.

Zweigt man rechts in die St. John Street ab, dann wiederum links, gelangt man auf der St. John's Lane nach wenigen Schritten 400 Jahre zurück zum Pförtnerhaus der Abtei von St. John of Jerusalem. Hier hatte nicht nur der Master of Revels Elizabeth I. sein Büro, sondern hier wurde auch das *Gentlemen's Magazine* redigiert.

St. John's Square auf der anderen Seite der Clerkenwell Road ist der Hof der Abtei. Die Jerusalem Passage führt Sie zur Aylesbury Street und Clerkenwell Green. Am Ende des Greens ist das **Session House** von 1782.

Die **Marx Memorial Library** (Montag–Freitag 14.00–18.00 Uhr) am Green begann ihre Karriere 1738 als eine Wohlfahrtsschule für Kinder walisischer Handwerker. 1892 wurde hier die erste sozialistische Druckerei eingerichtet. In dem winzigen Büro redigierte Lenin *Iskra,* den Funken, der die Russische Revolution entfachen sollte. Die Farringdon Station, Metropolitan und Circle Line ist links die Farringdon Road hinunter.

St. Paul's Cathedral bei Nacht

Sonnenuntergang im Hyde Park

Einkaufen

London ist ein Paradies für Kauflustige; schon allein der Schaufensterbummel macht Spaß. Die verschiedenen Stadtviertel haben in bezug aufs Einkaufen ganz unterschiedliche Charaktere.

Oxford und Regent Street

Die Oxford Street ist die Hauptgeschäftsstraße Englands, obwohl natürlich auch hier die wirtschaftliche Rezession nicht spurlos vorbeigegangen ist. Ob Regen oder Sonnenschein, hier ist der Teufel los. Jede Kaufhauskette, die etwas auf sich hält, sei es **C&A, Next** oder **Top Shop,** ist in der Oxford Street verteten. Außerdem gibt es Hauptfilialen von **Virgin** und **HMV Records.** Von den vielen Kaufhäusern erreicht dennoch nur **Selfridges** annähernd die Vielfalt und Qualität von Harrods. Die Marble Arch Filiale von **Marks&Spencer** ist das Stammhaus der führenden britischen Kette, die unter dem eigenen Namen qualitativ gute Kleidung für die ganze Familie vertreibt.

Oxford Circus

Gegenüber der U-Bahn-Station Bond Street ist die unauffällige Passage, die zum St. Christopher's Place führt, wo sich mehrere Trendläden zu einem Schickimicki Modedörfchen zusammengetan haben. Auf der anderen Seite der Oxford Street dagegen ist die vornehme South Molton Street, die sich nicht nur geographisch, sondern mit ihren zahllosen teuren Boutiquen auch modisch an der Bond Street orientiert. Die aktuelle Kollektion der bekanntesten Designer findet man u.a. bei **Browns,** im **Bazaar** und in **The Vestry.** Ein paar Schritte weiter in der Brook Street haben sich **Roland Klein, Antony Price, Comme des Garçons** und **Gianfranco Ferré** niedergelassen. Der Einkaufsbummel in der Regent Street beginnt am Oxford Circus mit **Dickins & Jones,** einem edlen Laden für den etwas reiferen und eleganteren Geschmack. Je näher man auf Piccadilly zukommt, desto mehr findet man exklusive Juweliere wie **Mappin & Webb, Garrard's** (Juweliere der Königin) und die schönen Porzellanläden von **Waterford, Wedgewood** und **Villeroy & Boch.** Am unteren Ende des Regency-Boulevards bieten **Jaeger, Austin Reed** und **Aquascutum** Kleidung im klassischen Landhausstil an.

Bond Street und Mayfair

Bond Street genießt schon lange den Ruf, das beste zu bieten, was man für Geld kaufen kann. In ihrer Umgebung findet man 400 der exklusivsten Kunst- und Antiquitätengalerien der Welt. Führende Auktionshäuser, exquisite Juweliere wie **Tiffany** und **Cartier** und berühmte Designer wie **Valentino, Lagerfeld** und **Chanel** vervollständigen das Bild von Luxus und Eleganz.

Die Cork Street ist berühmt für die Qualität ihrer Kunstgalerien. Bei **Waddington, Redfern, Nicola Jacobs** und **Odette Gilbert** kann man Werke der Modernen von Picasso bis Hepsworth besichtigen und kaufen. Parallel zur Old Bond Street verläuft die elegante Burlington Arcade, in der immer noch Wächter ihre Patrouillen laufen. Kleine und exklusive Läden, oft auf englische Waren spezialisiert, reihen sich in der Passage von 1819 dicht aneinander.

St. James und Piccadilly

Das Viertel der Herrenclubs ist tief verwurzelt in Tradition und „alter Ordnung". Von den Clubs ist es nicht weit zu den

Die edwardianischen Lebensmittelabteilungen im Harrods

eleganten Herrenschneidern mit ihren Maßanzügen in der Savile Row oder den Hemdenmachern der Jermyn Street. In der zeitlosen St. James's Street befindet sich Schuhmacher **John Lobb** und Hutmacher **James Lock,** in der Jermyn Street verkauft **George F. Trumper** Toilettenartikel und **Floris** feine Düfte. Der englische Adel befriedigt seit Jahrhunderten seinen Appetit auf exotische Delikatessen bei **Fortnum & Masons's** am Piccadilly. Den traditionellen englischen Look für Damen und Herren gibt's bei **Simpson,** 203 Piccadilly.

Knightsbridge

Harrods, das vielleicht berühmteste und größte Kaufhaus der Welt, an der Brompton Road dominiert die exklusive Modeszene in Knightsbridge. Am Beauchamp Place sind mehrere elegante Boutiquen, darunter **Caroline Charles** und **The Emmanuels** (berühmt durch Prinzessin Dianas Hochzeitskleid). Das **Emporio Armani** bringt noch mehr italienische Eleganz in diesen Teil der Brompton Road.

Sloane Street hat sich zum Zentrum der Haute Couture in London gemausert. Wer seinen Lieblingsdesigner hier nicht findet, sollte es bei Harrods versuchen.

King's Road und Fulham

Trotz der steigenden Kosten, die viele der außergewöhnlichen und unabhängigen Boutiquen zur Aufgabe gezwungen haben, findet man in der King's Road noch immer schicke Sachen für jeden Tag und Anlaß. **Jones, Fiorucci Boy** oder **The Garage** sind zwischen dem Sloane Square und Vivienne Westwoods originellem Laden **World's End** in der Nr. 430 angesiedelt. Das **American Classics** mit seinem College-Stil der 50er Jahre und der englische Retro-Look des **Twentieth Century Box** führen auf eine Reise durch die Modegeschichte. Schuhdesiger **Johnny Moke** liefert die passenden Schuhe dazu.

Die King's Road und die Fulham Road sind bekannt für ihre modernen Einrichtungshäuser, beispielsweise **Designers Guild** oder **Timney Fowler.** Ob elegante Stilmöbel oder wertvolle Antiquitäten bei **Chenil Galleries** oder **Antiquarius,** an der King's Road werden Sie bestimmt fündig.

Moderne Möbel und witzige Haushaltsgegenstände zeigt **The Conran Shop** im wunderschönen, gekachelten Jugendstil des Michelin Building, 81 Fulham Road.

Zurück am Sloane Square ist das einzige richtige Kaufhaus in Chelsea **Peter Jones,** dessen Haushaltswarenabteilung unübertroffen ist.

Gerrard Street in Chinatown

Soho und Carnaby Street

Die Verruchtheit des alten Soho ist der Welle der Trendiness gewichen. Heute bestimmen unkonventionelle und punkige Boutiquen das Straßenbild. Eigentlich begann ja der Abstieg der Carnaby Street schon Ende der 60er Jahre, als kitschige Touristenläden im Schlepptau der „Swinging Sixties" auftauchten. Heute blüht, Gott sei Dank, wieder der Geist der Erneuerung im Viertel. **Pam Hogg, Academy Soho** und **Boyd & Storey** sitzen in der Newburgh Street, und der Papst der Trendiness, **Gaultier,** hat eine Young Gaultier Filiale am Fouberts Place eröffnet. Originelle und witzige Männermode findet man bei **Christopher New** in der Dean Street, dem Proletarier-Chic hat sich **Workers for Freedom** in der Lower John Street verschrieben, während **The Duffer of St. George** in der D'Arblay Street das Neueste an sportlicher Männermode präsentiert.

Für das leibliche Wohl sorgen verschiedene alte italienische Delikatessenläden wie **Fratelli Camisa** in der Berwick Street und **Lina Stores** in der Brewer Street. Sie stammen aus der Zeit, als Soho noch wesentlich europäischer war. Heute dehnt sich Chinatown immer weiter um seinen Mittelpunkt in der Gerrard Street aus, wo man sich stundenlang an den exotischen Waren und Verpackungen erfreuen kann.

Kensington High Street

Zwischen den überall hervorsprießenden Filialen der sich ausbreitenden Kaufhausketten verbergen sich immer noch gute Deals am Straßenrand. Der **Kensington Market** ist voller Stände, die Lederbekleidung und Accessoires verhökern, während das etablierte **Hyper-Hyper** gegenüber witzige Sachen mutiger junger Designer seiner Kundschaft anbietet.

Abseits vom wilden Treiben der High Street in Kensington ist die Church Street, in der sich einige der feinsten und teuersten Antiquitätenhändler der Stadt niedergelassen haben.

Covent Garden

An der Piazza und in den engen, verwinkelten Gassen dieses mit viel Stil restaurierten Viertels, das einst Londons größter Obst- und Gemüsemarkt war, drängen sich jetzt viele interessante Kunsthandwerks- und Geschenkeläden. Die Designer **Paul Smith, Jones** und **Michiko Koshino** vertreten die elegante Schneiderzunft, während in den Filialen von **Jigsaw, Whistles, Hobbs** und **Woodhouse and Blazer** das richtige Outfit für jeden Tag an der Stange hängt.

Gute und damit dementsprechend teure Secondhand-Läden gibt es um die Neal und Monmouth Street. Designer-Schneebesen, Kochlöffel etc. sind bei **Artemide** und **Astrohome** zu finden.

Im malerisch-idyllischen Neal's Yard trifft sich die wachsende biologisch-dynamische Szene, um ihre Vorräte an frischem Brot, Milchprodukten, Heilkräutern und Körnern aufzufrischen. Aber auch winzige Spezialgeschäfte für Tee, Kaffee, Drachen, Muscheln, Hüte und Schmuck finden ihr Publikum und Auskommen. Direkt gegenüber Neal's Yard hat kürzlich das pfiffige Einkaufszentrum **Thomas Neal's** eröffnet.

Globetrotter erstehen bei **Stanford's** im Long Acre Karten und Reisebücher auch über die abgelegenste Pazifikinsel. In derselben Straße hat sich **Dillon's Art Bookshop** nur auf Kunst spezialisiert. Alles, was sonst noch gedruckt auf dem Markt ist, findet sich in der Charing Cross Road. Vom riesigen und chaotischen **Foyles** bis zu den kleinen Antiquariaten im hübschen Cecil Court ist alles vertreten.

Straßenmärkte

Ein wahres Eldorado für Antiquitäten, Trödel, Secondhand Kleider und allerlei Krimskrams sind die **Portobello Road,** W11 (Samstag) und **Camden Lock,** NW1 (Samstag und Sonntag). Ausschließlich Antiquitäten gibt es in der reizvollen **Camden Passage,** N1, (Mittwoch und Samstag), und ganz früh morgens auf dem Händlermarkt am **Bermondsey Square,** SE1 (Freitag).

Berwick und **Rupert Street,** ganz im Herzen von Soho, verwandeln sich während der Wochentage zu geschäftigen Obst- und Gemüsemärkten. Erstklassiges frisches Fleisch, frisches Geflügel und fangfrischer Fisch werden in der herrlichen viktorianischen Markthalle am **Leadenhall Market,** EC3, angeboten.

Die meisten übrigen großen Märkte der Stadt, wie der Fischmarkt Billingsgate, sind in die Docklands umgezogen. Der Fleischmarkt in Smithfield existiert noch, obwohl es bereits Pläne gibt, auch ihn zu verlegen. Der Obst- und Gemüsemarkt in Spitalfields hat sich inzwischen auf biologisch-dynamische Produkte spezialisiert; das Original ist in Hackney Marshes zu finden.

Essen & Ausgehen

Kulinarisch betrachtet ist London eine Weltstadt ersten Ranges. Diese Auszeichnung verdankt sie nicht nur der kosmopolitischen Vielfalt an Spezialitäten, sondern auch der in den letzten Jahren so erfolgreichen Renaissance einheimischer britischer Küche. Kulinarische Neuerer haben die traditionellen englischen Gerichte wieder zum Leben erweckt und Ideen aus der französischen und nationalen Kochkunst integriert. Dennoch sind der traditionelle *Sunday lunch,* der Rostbraten, *fish 'n chips* sowie der in vielen Hotels servierte *afternoon tea* nicht aus dem englischen Alltag wegzudenken.

Das Zentrum der Londoner Restaurantszene liegt im West End, wobei Soho die breiteste und interessanteste Auswahl offeriert. In Covent Garden findet man viele günstige *pre-theatre* Angebote, d. h. Angebote, die nur am frühen Abend vor Beginn des Theaters gelten. In Chinatown um die Gerrard Street blüht die kantonesische Küche. Auch in Bayswater ist das Angebot an Restaurants mit ausländischer Küche sehr reichhaltig.

In London gut essen zu gehen kann eine teure Angelegenheit sein, denn die allgemein hohen Lebenshaltungskosten schlagen sich in den Preisen der Speisekarte nieder. Deshalb bieten viele Restaurants ein preiswertes Lunch. Das Preis-Leistungs-Verhältnis stimmt am häufigsten bei den Chinesen und Indern. Aber auch die Pubs, Wine Bars und Cafés bieten oft einen guten und preiswerten Snack. Mit den guten alten *fish 'n chips* kommen auch die Budgettraveler auf ihre Kosten und zu einem gefüllten Magen.

Die Agentur „Restaurant Switchboard“, Tel.: 0181/888 80 80, gibt aktuelle und objektive Auskunft über Restaurants und macht auch kostenlose Tischreservierungen.

Die unten angegebenen Preise beziehen sich auf ein dreigängiges Menü für zwei Personen plus einer Flasche Hauswein.

Traditionell Britisch

Simpson-in-the-Strand
100 Strand, WC2, Tel.: 0171/8369112. Die Grand Divan Tavern ist ein edwardianisches Restaurant, das in dem Ruf steht, das beste Roastbeef in England zu servieren. Sehr traditionell, formal dress, d.h. kein Einlaß ohne Jackett und Krawatte. *£51.*

The Quality Chop House
94 Farringdon Road, EC1, Tel.: 0171/8375093. Ein typisches Restaurant der City-Angestellten des 19. Jahrhunderts. Das Originaldekor mit festen Holzbänken ist noch wie es früher war, die Preise und die Speisekarte dagegen haben sich den heutigen Zeiten angepaßt. Außer den traditionellen Lammkoteletts gibt es beispielsweise *Blue Fish* in Fenchelsauce. *£38.*

Britische Nouvelle Cuisine

Alastair Little
49 Frith Street, W1, Tel.: 0171/7345183. Pontifex Maximus der britischen Nouvelle Cuisine. Originelles und elegant serviertes Menü in geschmackvollem Ambiente. *£70.*

Baboon Jason Court
76 Wigmore Street, W1, Tel.: 0171/2242992. Das Restaurant bietet eine erstklassige und wohldurchdachte britische Speisekarte, in der sich moderne Zutaten und traditionelle Rezepte harmonisch miteinander verbinden. *£65.*

Sunday Lunch

Wilson's
236 Blythe Road W14, Tel.: 0171/6037267. Hier bekommt man einen hervorragenden Sonntagslunch. Dem gediegenen Restaurant gelingt es, auch unter der Woche die hohe Qualität beizubehalten. Etwas für das Auge ist der Wirt im Kilt. *£40 Lunch/£57 Dinner.*

The English House
3 Milner Street, SW3, Tel.: 0171/5843002. Eine behagliche englische Gaststube mit gerafften Chintz-Vorhängen in einem hübschen Haus in Chelsea. Das Essen hat guten Stil und auch einen historischen Touch. *£35 Lunch/£55 Abendessen.* Schwester-Restaurant des **Lindsay House,** *21 Romilly Street, W1.*

Amerikanisch

Hard Rock Café
150 Old Park Lane, W1, Tel.: 0171/6290382. Eine Ode an Rock'n'Roll, beinhaltet eine Sammlung von außergewöhnlichen Rockmemorabilia. Dort bekommt man auch die besten Hamburger der Stadt. Laut und lange Schlangen, aber lustig. *£30.*

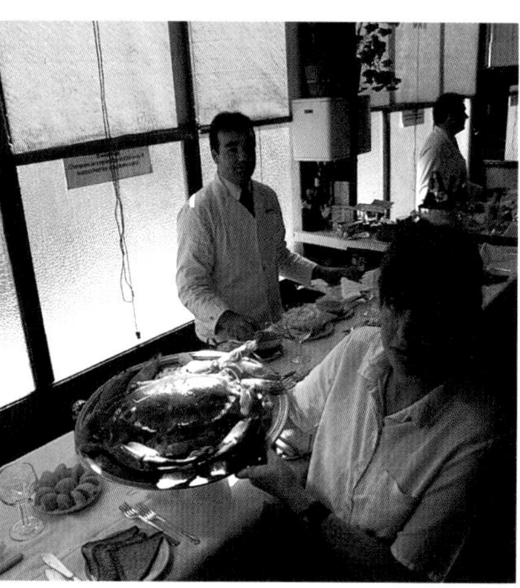

Rock Island Diner
London Pavilion, Piccadilly Circus W1, Tel.: 0171/2875500. Lustig-lautes Diner, mit ziemlich kitschigem Dekor, einem DJ und tanzenden Bedienungen. *£25.*

Chinesisch

Fung Shing
15 Lisle Street, W1, Tel.: 0171/4371539. Seit Jahren eines der besten Restaurants in Chinatown, daher immer voll. *£40.*

Fisch

Rudland and Stubbs
35 Greenhill Rents, Cowcross Street, EC1, Tel.: 0171/2530148. Englische und französische Fischgerichte in einem angenehm altmodischen Restaurant mit gekachelten Wänden und blankgescheuertem Holzboden. Um die Ecke vom Smithfield Market. *£37.*

Sea Shell Fish Bar
49 Lisson Grove, NW1, Tel.: 0171/7238703. Bekanntes Fisch-und-Chips-Restaurant mit Straßenverkauf. Nicht billig, aber der Fisch ist immer frisch und sehr gut zubereitet. *£25.*

Französisch

L'Artiste Assoiffe
122 Kensington Park Road, W11, Tel.: 0171/7275111. Karussellpferdchen und bunte Papageien zieren dieses entzückende Restaurant in der Nähe der Antiquitätengeschäfte der Portobello Road. *£40.*

Gavvers
61 Lower Sloane Street, SW1, Tel.: 0171/7305983. Das Gavvers bietet gute Tagesmenüs und aufmerksamen Service in einer angenehmen Atmosphäre. Aperitif, dreigängiges Menü, Kaffee, eine halbe Flasche Wein, inkl. Bedienung für *£27* pro Person. Das **La Gavroche** gehört demselben Besitzer.

Griechisch

Elysee
13 Percy Street, W1, Tel.: 0171/6364804. Eines der vielen griechischen Restaurants der Gegend, die einen ausgelassenen Abend mit Tellerklirren, Live-Musik und Bauchtanz bieten. Terrasse. *£45.*

Indisch

Bombay Brasserie
Bailey's Hotel, Courtfield Close, SW7, Tel.: 0171/3704040. Die stilvolle Dekoration versetzt den Gast in das alte Indien. Versuchen Sie, einen Tisch im Wintergarten des Restaurants zu bekommen. *£60.*

Khan's
13 Westbourne Grove, W2, Tel.: 0171/7275420. Geräumiges Restaurant im Kolonialstil, berühmt für sein gutes und preiswertes Essen. Abends immer voll, lebhafte Atmosphäre. *£25.*

The Red Fort
77 Dean Street, W1, Tel.: 0171/4372410. Angesehenes Restaurant in Soho mit hervorragender indischer Küche in komfortabel-luxuriöser Umgebung. *£45.*

Italienisch

dell Ugo
56 Frith Street, W1, Tel.: 0171/7348300. Modern eingerichtete Brasserie und Restaurant. Die Portionen sind reichlich. *£45.*

La Famiglia
7 Langton Street, SW10, Tel.: 0171/351 0761. Erfolgreiches Restaurant mit gutem Essen und Dekor im süditalienischen Stil. Große Terrasse. *£40.*

Orso
27 Wellington Street, WC2, Tel.: 0171/2405269. Beliebt bei Theaterbesuchern. Das Orso ist ein Kellerrestaurant mit einfacher Einrichtung und authentischen norditalienischen Gerichten. *£50.*

Pizza Express
10 Dean Street, W1, Tel.: 0171/437 9595. Gehört zu einer Restaurantkette, die in London gerade sehr beliebt ist. Die Attraktion dieser Filiale ist Live-Jazz im Untergeschoß. Am elegantesten ist **Pizza on the Park,** *13 Knightsbridge,* gesehen wird man am liebsten im **Kettners,** *29 Romilly Street. £25.*

Japanisch

Ajimura
51–53 Shelton Street, WC2, Tel.: 0171/2400178. Sicher eines der preiswertesten japanischen Restaurants in London. Mittags- und *Pre-Theatre*-Menü sind außerordentlich günstig. *£35.*

Ikeda
30 Brook Street, W1, Tel.: 0171/6292730. Yakitori und Sushi Bar in einer authentischen Atmosphäre. *£70 (Das Mittagsmenü schon ab £12 zu haben).*

Malaiisch

The Penang
41 Hereford Road, W2, Tel.: 0171/2292982. Malaiische Küche, frisch und authentisch. *£30.*

Mexikanisch

Café Pacifico
5 Langley Street, WC2, Tel.: 0171/3797728. Junge und laute Tex-Mex-Kneipe in Covent Garden. *£30.*

Orientalisch

Maroush II
38 Beauchamp Place, SW3, Tel.: 0171/5815434. Beliebt vor allem bei der Geldaristokratie aus Nahost. Exzellentes libanesisches Essen. Letzte Bestellungen werden um halb sechs entgegengenommen. *£40.*

Russisch

Borscht 'n' Tears
46 Beauchamp Place, SW3, Tel.: 0171/5895003. Originelles Restaurant mit Sinn für Humor. Vor allem junges Publikum, das gerne mitmischt bei Musik und Ausgelassenheit. *£35.*

Spanisch

Costa Dorada
47–55 Hanway Square, W1, Tel.: 0171/6315117. Ein lebhaftes Restau-

rant mit Tapas Bar, wo bis spät in die Nacht der Bär los ist. Flamencotanz und Live-Musik. *£50.*

Thai

Chiang Mai
48 Frith Street, W1, Tel.: 0171/ 4377444. Einem traditionellen Stelzenhaus nachempfunden. Abwechslungsreiche Karte mit guten nordthailändischen Gerichten. *£30.*

Vegetarisch

Mildred's
58 Greek Street W1, Tel.: 0171/ 4941634. Einfallsreiche Küche, angenehme Kaffeehausatmosphäre. *£13 (Wein müssen Sie selber mitbringen!)*

Thai Garden
249 Globe Road E2, Tel.: 0181/ 9815748. Bestes vegetarisches Restaurant im Time Out Eating & Drinking Awards.

In-Treffs

The Ivy
1 West Street WC2, Tel.: 0171/ 8364751. Schicke Innenarchitektur, galeriemäßige Kunstwerke und raffiniertes Essen brachten dem Ivy großen Erfolg. *£60.* Das Le Caprice in der *Arlington Street, SW1,* ist ebenso gut.

Kensington Place
201 Kensington Church Street W8, Tel.: 0171/7273184. Das unkonventionelle Restaurant im New Yorker Stil ist immer voll. Das Dekor ist modernistisch, das Essen abenteuerlich. *£55.*

Langan's Brasserie
Stratton Street W1, Tel.: 0171/ 4918822. Über die vielen Berühmtheiten bemerkt man kaum das mindestens ebenso beachtenswerte Essen. Der Schauspieler Michael Caine ist Mitinhaber der immer aktuellen Brasserie. *£50.*

Meisterköche

Chez Nico
90 Park Lane, W1, Tel.: 0171/ 4091290. Der Perfektionist Nico Ladenis serviert klassische französische Küche, die ihm zwei Michelin-Sterne einbrachten. Am Wochenende geschlossen. *£100.*

Le Gavroche
43 Upper Brook Street, W1, Tel.: 0171/4080881. Das einzige Londoner Restaurant, das – dank Albert Roux – mit drei Michelin-Sternen ausgezeichnet wurde. *£100.*

Die Restaurants in den Hotels **Inn on the Park, Capital** und **Conaught** ha-

ben hervorragende Küchenchefs, die alle mit einem Michelin-Stern ausgezeichnert wurden.

Edle Tropfen und Snacks

Bar des Amis du Vin
11–13 Hanover Place, WC2, Tel.: 0171/3793444. Dunkle Kellerbar mit viel Atmosphäre, einer guten Wein-

auswahl und dezenten französischen Imbissen.

Café Pelican
45 St. Martins Lane, WC2, Tel.: 0171/3790309. Schicke Brasserie beliebt bei den Theaterbesuchern. Gutes französisches Essen. An der Bar können Sie auch nur einen Drink nehmen.

The Fire Station
150 Waterloo Road, SE1, Tel.: 0171/6202226. Das Restaurant ist in einem ehemaligen Gebäude der Londoner Feuerwehr untergebracht. Die Speisen sind phantasievoll zubereitet. Das Lokal liegt äußerst günstig, wenn Sie den South Bank Arts Complex besuchen.

Market Bar
240a Portobello Road, W11, Tel.: 0171/2296472. An der modernen Bar eines alten Pub erholt man sich bei einem Drink und einem Snack vom Gedränge des Marktes.

The Dome
Filialen in der ganzen Stadt. Die Café-Bar-Kette ist in allen schicken Gegenden Londons zu finden. Besonders zu empfehlen sind die kleinen Snacks und die Drinks.

Cocktail-Bars

Gute Cocktails werden in der **American Bar** des Savoy Hotel *(Strand, WC2)* gemixt. Jackett und Krawatte sind hier obligatorisch. Die moderne Bar **Atlantic** im Art-déco-Ballsaal des Regent Palace Hotel *(20 Glasshouse Street, W1)* eignet sich besonders für ein spätes Essen oder den letzten Drink des Abends. Empfehlenswert ist auch das **Wagamama** *(Streatham Street, WC2)* und für die jüngeren das **Dog House** und **The „O“ Bar,** beide in der *Wardour Street, W1.*

Empfehlenswerte Pubs

The Anchor
1 Bankside, SE1 (am Fluß)

The Black Friar
174 Queen Victoria Street, EC4

Dicken's Inn
St. Katherine's Way, E1 (am Fluß)

Ye Olde Cheshire Cheese
145 Fleet Street, EC4

Old Red Lion
St. John's Street, N1

The Spanniard's Inn
Hampstead Lane, NW3

The Dove
19 Upper Mall, W6 (am Fluß)

Nachtleben

Theater

Londons Theaterviertel konzentriert sich um die Shaftesbury Avenue und Covent Garden, wo Shows laufen wie *The Phantom of the Opera, Cats* und *The Mousetrap.* Da die West End-Aufführungen sehr beliebt sind, ist es mitunter schwierig, Karten aufzutreiben. Wenn Sie keinen Platz an der Theaterkasse reservieren können (telefonische Reservierung auf Kreditkarte ist möglich), versuchen Sie es bei Ticketmaster (Tel.: 0171/3444444) und First Call (Tel.: 0171/2407200), bevor Sie sich an eine der anderen Agenturen wenden, die bisweilen eine saftige Gebühr verlangen. Meiden Sie auf jeden Fall Schlepper, die Ihnen nur das Geld aus der Tasche ziehen wollen. Am Leicester Square bei SWET Ticket Booth bekommen Sie am Tag der Vorstellung Karten zum halben Preis. Für Matineen ab 12.00 Uhr und für Abendvorstellungen ab 14.00 Uhr. Keine Schecks und lange Schlangen. Manche Theater, beispielsweise das National, halten einige Karten zurück, die ab 10.00 Uhr am Tag der Vorstellung an der Theaterkasse verkauft werden. Ausführliche Programme der Theater im West End und experimenteller Bühnen drucken *Time Out* und die seriöse Tagespresse.

Klassische Musik

Barbican Hall
Silk Street, EC2, Tel.: 0171/6388891. Hausbühne des London Symphony Orchestra.

Royal Albert Hall
Kensington Gore, SW7, Tel.: 0171/5898212. Die beliebten Sommerkonzerte „Proms" werden hier aufgeführt.

Royal Festival Hall
South Bank, SE1, Tel.: 0171/9288800. Londons berühmteste Bühne für klassische Konzerte.

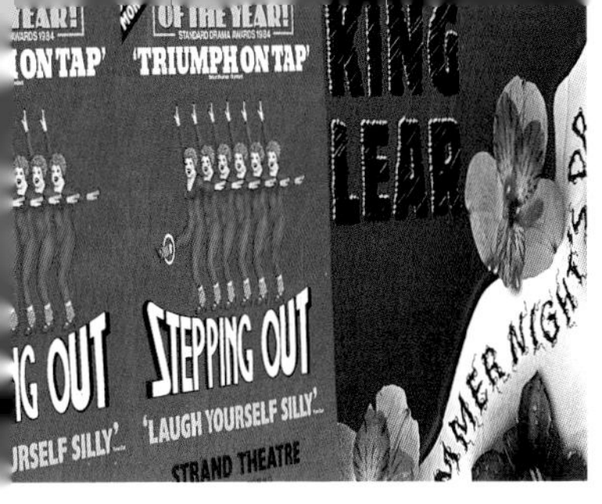

Wigmore Hall
36 Wigmore Street, W1, Tel.: 0171/9352141. Hervorragende Kammerkonzerte.

Ballett und Oper

The Coliseum
St. Martin's Lane, WC2, Tel.: 0171/6328300. Bühne der English National Opera. Im Sommer Aufführungen des Royal Festival Ballet.

The Royal Opera House
Bow Street, WC2, Tel.: 0171/3044000. Vornehme traditionelle Bühne der Royal Opera und des Royal Ballet. Opern in Originalsprache. Abendgarderobe.

Sadler's Wells/Lilian Bayls Theatre
Rosebery Avenue, EC1, Tel.: 0171/7136000. Oper und alle Tanzrichtungen, bekannte Ensembles.

Nachtclubs

Aktuelle Informationen erhalten Sie in Time Out. Die Kleidungsvorschriften können streng sein. Um vom Türsteher nicht abgewiesen zu werden, empfiehlt sich das entsprechende Outfit.

Equinox Discotheque
Leicester Square, WC2, Tel.: 0171/4371446. Viel Platz, viel Licht, viel Vorortpublikum. Eine der größten Discos Europas, junges Publikum, sportlich-elegant gekleidet. *£6–10.*

Heaven
Villiers Street, WC2, Tel.: 0171/8393852. Unter dem Charing Cross versteckt sich einer der besten Tanzclubs der Stadt. Mittwochs nur für Homosexuelle. Legere Kleidung ist angesagt. *£4–8.*

Hippodrome
Charing Cross Road, WC2, Tel.: 0171/4374311. Bietet all die technischen Tricks, die man von einer Disco heutzutage erwartete. Elegant. *£4–10.*

Lacey's
80–81 St. Martin's Lane, WC2, Tel.: 0171/2408187. Unprätentiöse Disco, also aufgetakelte Frauen und Männer im Anzug. Pianist und Live-Jazz jeden Abend in der Bar im Keller. Elegant. *£10.*

Legends
29 Old Burlington Street, W1, Tel.: 0171/4379933. Glitzerclub in Mayfair, wo sich die Schickeria in neuesten Klamotten trifft, um die neuesten Tänze vorzuführen. Konzerte. Trendy. *£5–9.*

Limelight
136 Shaftesbury Avenue, W1, Tel.: 0171/4340572. Eine umgebaute Kirche; wenn Sie ein religiöses Verhältnis zur Musik haben, wird Sie der Sound

vielleicht in den siebten Himmel schicken. Mehr Stil als Tanzmusik. *£10.*

Samanthas
3 New Burlington Street, W1, Tel.: 0171/7346249. Etablierte Disco, die es schon lange gibt. Gut angezogene Besucher reiferen Alters. Elegant. *£3–6.*

Stringfellows
16 Upper St. Martin's Lane, WC2, Tel.: 0171/2405534. Nicht mehr der schicke Schauplatz, der es einmal war. Die Atmosphäre hier ist inzwischen ein wenig steif.

Shaftesbury's
24 Shaftesbury Avenue W1, Tel.: 0171/7342017. Gutbesuchte Discothek mit Champagnerbar und Brasserie. *£8–15.*

Subterania
12 Acklam Road, Ladbroke Grove, W10, Tel.: 0181/9604590. Ein moderner West Londons Club. Das Interieur wurde aus dem Betonklotz der Westway herausgemeißelt. Live-Konzerte. Leger. *£5–7.*

Wag Club
35 Wardour Street W1, Tel.: 0171/4375534. Der Soho Club für die Obercoolen. An Wochenenden bis 6.00 Uhr morgens geöffnet. Heiße Tanzmusik und Saftbar für die Vitaminspritze. Trendy. *£5–10.*

Kabarett

Madame Jo Jo's
8–10 Brewer Street, W1, Tel.: 0171/7342473. Madame Jo Jo's ist eigentlich in keiner Weise halbseiden oder gewagt, wie man das früher in Soho erwartet hat. Eine Garde langbeiniger männlicher Schönheiten in glitzernden Kostümen legt eine der besten Shows aufs Parkett.

Comedy Store
1 Oxendon Street, W1, Tel.: 0171/3444444. Das etablierte Improvisationskabarett beweist immer wieder, daß Witze nicht von Lachsalven begleitet werden müssen. An guten Abenden sind die Unterhalter im Publikum so bekannt wie die auf der Bühne.

Jazz

100 Club
100 Oxford Street, W1, Tel.: 0171/6360933. Unprätentiöse Einrichtung und zwei Bars mit Drinks zu Pub-Preisen vermitteln den Eindruck eines Arbeiterclubs im Norden. Renommierter Club für Live-Jazz und Rythm and Blues, wo etablierte Bands genauso gerne spielen wie Newcomer. Immer voll.

Blue Note
1 Hoxton Square, N1, Tel.: 0171/7298440. Kellerclub. Das Programm umfaßt populären Jazz während der Woche, Soul am Montag, lateinamerikanische Musik und Salsa am Freitag, afrikanische Tanzmusik am Samstag.

Dover Street Wine Bar
8–9 Dover Street, W1, Tel.: 0171/6299813. Kleiner intimer Keller, wo man bei Kerzenlicht und Live-Musik – Jazz, Soul oder R&B – gut essen kann.

Ronnie Scott's
47 Frith Street, W1, Tel.: 0171/4390747. Londons bekannteste Jazzkneipe, wo es weniger um Essen und Service geht, als um die Musik und Atmosphäre. Will man noch einen Platz ergattern, sollte man frühzeitig kommen.

Jazz Café
5 Parkway NW1, Tel.: 0171/9166000. Schick. Ein relativ neuer nächtlicher Schauplatz, der auch große Namen anzieht.

APOLLO
JAMES BOLAM
JEFFREY BERNARD
IS UNWELL
NED SHERRIN
JOHN JULIET
MALKOVICH STEVENSON
BURN THIS
BY
LANFORD WILSON
ALLAN ACKERMAN

Ausflüge

Greenwich Zeit

Die Themse entlang nach Greenwich in das Maritime Museum und in das Royal Observatory.

– Nehmen Sie eine Fähre von Westminster oder Charing Cross Pier –

Königin Elizabeth I. stieg an den Whitehall-Treppen in ihre Staatsbarkasse und ließ sich themseabwärts zu ihrem Palast in Greenwich rudern. Mit weniger Pomp, aber mehr Komfort bringt Sie eine Fähre, der River-Bus, vom **Charing Cross Pier,** nur ein paar Schritte vom Whitehall Palace entfernt, hinaus zu dem schönsten Ensemble königlicher Gebäude im Land. Es sind jedoch nicht mehr die Tudor-Türme und -Türmchen des Geburtsortes Ihrer Majestät, sondern die meisterhaften Nachfolgewerke von Christopher Wren und Inigo Jones.

Am Pier ankert die **Cutty Sark** (Montag–Samstag 10.30–17.00 Uhr, Sonntag 12.00–17.00 Uhr April–September), der Windhund unter den Clippern. 1869 lief sie vom Stapel, brachte chinesischen Tee nach England und, 1922 auf ihrer letzten – und schnellsten – Fahrt, australische Wolle. Das Kleidungsstück, das die Lady am Bug

Das Royal Naval College

trägt, ist ein schottisches Nachthemd, ein „cutty sark". Die Ladung des Clippers besteht aus einer Sammlung hinreißender Galionsfiguren, Andenken an eine untergegangene Flotte.

Zwergenhaft dagegen ist Sir Francis Chichesters **Gipsy Moth IV** (Montag–Samstag 11.00–18.00 Uhr, Sonntag 14.30–18.00 Uhr, im Winter geschlossen). 1966–67 segelte er in dieser Nußschale als erster allein um die Welt, 47685 Kilometer in 226 Tagen. Ganz in der Nähe ist der Mini-Eingang zu dem Fußgängertunnel zur Isle of Dogs, die als Belohnung für die feucht-kalte Passage einen unübertroffenen Blick auf Greenwich, den sogenannten „Königinnenblick", bietet.

Vom Pier auf der Greenwich Seite verläuft die Promenade am Royal Naval College vorbei. Eine Lücke gewährleistet freie Sicht vom Haus der Königin auf den Fluß. Die Promenade endet an der **Regency Trafalgar Tavern,** wo sich die Kabinettsmitglieder zum Fischessen trafen. An der Yacht, den 1613 gegründeten Trinity Almshouses und dem Kraftwerk vorbei geht es zur **Union Wharf,** die wie eine Lichtung im Industriedschungel wirkt. Gutes Essen und ein herrliches Panorama auf Greenwich Reach warten im **Cutty Sark,** das aus Schiffsplanken gemacht scheint.

Zurück an der Park Row sieht man das **National Maritime Museum** (Montag–Samstag 10.00–18.00 Uhr, Sonntag 14.00–17.00 Uhr) jenseits der Romney Road. Kolonnaden verbinden den West- und den Ostflügel des **Queen's House.** Die Dover Road verlief früher vor Inigo Jones' Queen's House, der ersten palladianischen Villa in England. Das Queen's House war für Anne von Dänemark, die Gattin James I. gedacht, wurde aber erst nach deren Tod von Charles I. für Henrietta Maria fertiggestellt. Tiptoe through the tulips der wunderschönen schmiedeeisernen Balustrade der Tulpen-Treppe. Die Kolonnade führt zur **Neptune Hall** im Westflügel, wo Schiffsmodelle, Uniformen sowie Galionsfiguren die Geschichte der Seefahrt erzählen. Die Royal Barge aus dem Jahre 1732, von Kent entworfen und von Richards, dem königlichen Holzschnitzer gearbeitet, ist eine Märchenszene mit Löwen, Drachen und schuppigen Monstern.

Am King William Walk, der auf die Romney Road trifft, liegt der Haupteingang zum **Royal Naval College** (Freitag–Mitt-

Auslieferung an dem Old Yacht

woch 14.30–17.00 Uhr, Donnerstag bis 16.45 Uhr). Hier stand früher der Tudor-Palast, bis Cromwell während des Commonwealth sarkastischerweise eine Keksfabrik für seine Soldaten einrichtete. Shortbread gefällig? Erst 1694 wurde Wren mit der Aufgabe betraut, ein Hospital für alte und kranke Matrosen zu bauen. Das Royal Naval College zog 1873 von Portsmouth nach Greenwich, weshalb lediglich die Painted Hall im King William Flügel und die Kapelle im Queen Mary Flügel der Öffentlichkeit zugänglich sind. In der **Painted Hall,** 1707 begonnen und 1726 fertiggestellt, haben sich die genialen Talente von Wren, Hawksmoor und Thornehill, der auch das Innere der St. Paul's Cathedral gemalt hat, zu einem Gesamtkunstwerk vereint. Die Kapelle datiert von 1742, wurde aber von James „dem Athener" Stuart nach einem Feuer renoviert.

Gegenüber dem College-Eingang ist der **Covered Market,** in dem heute Künstler und Kunsthandwerker ihre Werke anbieten. Die edle Säulenfassade der St. Alfege's Kirche und das Greenwich Theatre, ein Phoenix aus der Asche einer alten Music Hall, leiten den Croom's Hill ein. Zu den ansprechenden Häusern aus dem 17. und 18. Jahrhundert gehört ein Aussichtsturm im Wren-Stil von 1672.

Die Verlängerung des Croom's Hill ist der Chesterfield Walk, wo seinerzeit Lord Chesterfield im **Ranger's House** (täglich 10.00–16.00 Uhr) residierte. Unten ist eine Porträtgalerie und oben die Dolmetsch Musikinstrumentensammlung zu besichtigen.

Im Park hinter dem Haus links kommt man zum **Old Royal Observatory** (Montag–Samstag 10.00–18.00 Uhr, Sonntag 14.00–17.00 Uhr), das Charles II. 1675 für seine Marine gegründet hat. Wren, selbst Astronom, entwarf es für Flamsteed, den königlichen Astronom, der über oder besser gesagt unter dem Atelier lebte, genau wie seine Nachfolger, die in jüngster Zeit jedoch von der verschmutzten Londoner Luft mitsamt ihren Instrumenten ins Exil nach Sussex gezwungen wurden. Mit der Festlegung des **Meridians** wurde 1884 die Greenwich Zeit allgemein anerkannt. Ost und West treffen sich an einer Messingplatte auf einem Pfad im Park. Jeden Tag um 13.00 Uhr fällt ein Zeitball vom Turmmast. Wer das Ereignis vom Fluß aus verfolgt, kann seine Uhr danach stellen.

Hampton Court Palace

Mit Fähre oder Zug zu dem sehenswerten Hampton Court, großartiges Gebäudegewirr, in dem schon Kardinal Wolsey und Heinrich VIII. lustwandelten.

– Hampton Court Station mit der U-Bahn ab Waterloo, oder mit der Fähre vom Westminster Pier (Ostern bis Oktober; Zeiten erfragen unter Tel.: 0171/9302062) –

Vom Anlegeplatz führt ein Pfad zur Brücke über den Palastgraben, aber der schönste Anfahrtsweg ist über die **Trophy Gates** (Mitte März–Mitte Oktober 9.30–18.00 Uhr, Mitte Oktober–Mitte März 9.30–16.30 Uhr). Hier präsentiert sich der imposante Tudor-Palast mit seinem Wald aus Schornsteinen und Türmchen von seiner besten Seite, aber eben nur einer Seite der Medaille. Hinter der elisabethanischen Backsteinfassade liegt Sir Christopher Wrens Versuch, ein englisches Versailles zu schaffen.

Kardinal Wolsey, der Metzgersohn, der zu höchsten kirchlichen Würden aufsteigen sollte, kaufte 1514 zu seinem Stadthaus in Whitehall (das später Palast wurde) die Villa in Hampton. Er baute sie zu einem so prächtigen Landsitz aus, daß Heinrich VIII. vor Neid erblassen mußte. Wolsey merkte, daß er seine Grenzen überschritten hatte und bot dem König seinen Palast als Beschwichtigung. Doch zu spät. Man nahm dem Kardinal alle seine Besitztümer weg, und ein Jahr nachdem er des Verrats angeklagt worden war, war er tot. Wolseys **Great Gatehouse,** ursprünglich zwei Stockwerke höher, erhebt sich über einem ausgetrockneten Graben und einer Brücke, die von Heinrich VIII. gebaut wurde. Der Graben wurde erst vor wenigen Jahren wieder freigelegt, nachdem Charles II. ihn unter die Er-

de, „verbessert“ hatte. **Base Court** entspricht ganz dem Stil Wolseys und besteht aus pflaumenrotem Stein. Hinter den geteilten Fenstern hielt der Kardinal 280 Zimmer für seine Gäste bereit. Das Steindach des **Anne Boleyn's Gateway** zieren die Initialen von Heinrich VIII. und Anne.

Im **Clock Court** kann man die astronomische Uhr besichtigen, die Nicholas Oursian 1540 konstruiert hat. Heinrichs **Great Hall** nimmt eine ganze Seite des Hofes ein. Heinrich, der fünf seiner sechs Königinnen hierherbrachte, verschwendete Unsummen auf den Palast. An der Südseite hat Wren eine Kolonnade angefügt, die zu dem Tudor-Stil im gleichen Verhältnis steht wie die moderne Glaspyramide zum Louvre. Heinrichs und Wolseys Gebäude verleihen dem Nordkomplex eine direkt gemütliche Atmosphäre. Es ist einfach leichter, den Geist der Zeit in den Weinkellern und den Küchen zu fassen. Dort könnten Shakespeare und seine Company of Players Königin Elizabeth I. unterhalten haben. Den einzigen Blick auf die **Chapel Royal** gestattet die Royal Pew, ein Andachtsraum, in dem Heinrich VIII. es vorzog, die Messe zu besuchen, anstatt die Hinrichtung seiner gellend schreienden Frau Catherine Howard in der nahegelegenen Galerie anzuhören. Nach ihrer Hinrichtung wegen Ehebruchs gab das Auftauchen einer Gestalt in weiß, die unmenschliche Schreie ausstieß, der Galerie den Namen Haunted Gallery, Geistergalerie.

Fountain Court ist das Herzstück von Wrens Umbauplänen, die William und Mary in Auftrag gegeben hatten. 1685 begonnen, wurden nur die Ost- und Südfassade fertiggestellt. Pompöse Treppen – seine, des Königs, und ihre, der Königin – führen zu den **State Rooms,** die von Gemälden von Verrio, Schnitzereien von Gibbons, Gitterwerk von Tijou nur so überschäumen. Köstlich ist Wrens **Banqueting House,** wo William im Sommer seine Mahlzeiten einnahm. Die Rebranken tragen seit 200 Jahren Früchte, und genauso lange scheint man zu brauchen, um einen Weg durch das **Labyrinth** zu finden. Wie Harris in *Drei Mann in einem Boot* meinte: „Wir spazieren nur zehn Minuten herum und gehen dann Mittagessen.“ Legen Sie Ihre Lunchpause vor dem Labyrinth ein! Das **Tiltyard Restaurant** ist in der Nähe und in der Hampton Court Road gegenüber vom Trophy Gate sind Pubs wie der im **Charlton Hotel** und **Cardinal Wolsey.** Wren verbrachte die letzten Jahre seines Lebens in Sichtweite des Palastes, im Old Court House.

Am Richmond Pier legen die Fähren ab. Züge halten an der Station jenseits der Brücke, um Sie zurückzubringen.

Feiertage & Ereignisse

Die genauen Daten von vielen der folgenden Veranstaltungen ändern sich von Jahr zu Jahr. Das London Tourist Board, Tel.: 0171/7303488, gibt Ihnen genaue Auskunft.

JANUAR

Neujahrsparade vom Berkley Square zum Hyde Park.
World Championship im Tennis-Doppel, Royal Albert Hall.
London International Boat Show, Earl's Court.
Charles I. Erinnerungstag (letzter Sonntag des Monats): Mitglieder der English Civil War Society ziehen im Kostüm der Royalisten die Whitehall entlang.

FEBRUAR

Crufts Dog Show (Hundeausstellung): Eine Hunde-Oscarverleihung im Earl's Court.
Accession Day: Tag der Thronbesteigung, Salut gegenüber dem Dorchester Hotel.
Chinese New Year (Neujahr des chinesischen Kalenders): bunte Neujahrsfeiern in Chinatown.
Valentinstag (14. Februar).
Shrove Tuesday (Fastnachtsdienstag): der Tag vor Beginn der Fastenzeit wird traditionell mit Pfannkuchen gefeiert.

MÄRZ

Ideal Home Exhibition (Haushaltsausstellung), Earl's Court.
Oxford and Cambridge Boat Race (Bootsrennen): das jährliche Rennen der Universitätscrews auf der Themse zwischen Putney und Mortlake.
Chelsea Antiques Fair (Antiquitätenausstellung), Old Town Hall, King's Road, SW3.
Easter Parade (Osterfestzug), Battersea Park: bunter Festzug mit Wagen und Kostümen (Beginn 15.00 Uhr).
Camden Jazz Festival, in Camden Town: mit Jazz, Oper, Tanz, Film und Ausstellungen.

APRIL

April Fool's Day (1. April): Am Morgen des 1. April machen sich alle Briten einen Spaß daraus, sich gegenseitig auf den Arm zu nehmen.
London Harness Horse Parade (Kutschenparade), Regent's Park: Pferde und Kutschen präsentieren sich auf dem Inner Circle.
London Marathon, Greenwich Park: eines der größten Rennen der Welt, von Greenwich Park bis Westminster.
Queen's Birthday (Geburtstag der Königin, 21. April): Der eigentliche Geburtstag der Königin wird gefeiert mit einem Gewehrsalut im Hyde Park und im Tower.
London Book Fair (Buchmesse).

Die Chelsea Flower Show

MAI

Chelsea Flower Show (Blumenschau), Royal Hospital, SW3.
Royal Windsor Horse Show (Reitturnier), Windsor Park.
Beating the Retreat, Horse Guards Parade, Whitehall: festliche Zeremonie der Militärkapellen.
FA Cup Final, Wembley: Endspiel des englischen Fußballpokals.
Oak Apple Day, Chelsea Royal Hospital: Festzug der Chelsea Pensioners zum Gedenken ihres Gründers, Charles II.

JUNI

Derby Day, Epsom Racecourse: berühmtes Rennen für dreijährige Stuten und Hengste.
Royal Academy Summer Exhibition, Burlington House, Piccadilly: eine große Ausstellung von Arbeiten von Amateur- und Profikünstlern.
Trooping the Colour, Horse Guards Parade: Der offizielle Geburtstag der Königin wird mit einer feierlichen Parade der Regimentsfahnen begangen.
Royal Ascot: Sogar die königliche Familie läßt sich diese überaus elegante und modebewußte Rennwoche, ein Gesellschaftsereignis, nicht entgehen.
Grosvenor House Antiques Fair (Antiquitätenausstellung), in Grosvenor House Hotel, Park Lane.
Wimbledon Tennis Championship.

JULI

Henley Royal Regatta, Henley on Thames: internationales Bootsrennen.
Henry Woods Promenade Concerts, Royal Albert Hall: Serie klassischer Konzerte, bekannt als „The Proms“.
Royal Tournament, Earl's Court: militärische Vorführungen der Königlichen Armee, Marine und Luftwaffe.
Swan Upping on the Thames: Beamte rudern die Themse auf und ab, um die Schwäne zu zählen.
Doggett's Coat and Badge Race, London Bridge: traditionelles Rennen der Einer-Ruderer zwischen der London Bridge und Chelsea.

AUGUST

Notting Hill Carnival, Ladbroke Grove (Wochenende des Bank Holiday): bunter karibischer Straßenkarneval (der größte in Europa).
London Riding Horse Parade, Rotten Row, Hyde Park: Schönheitswettbewerb für Roß und Reiter.
The International Street Performers' Festival (Festival der Straßenkünstler), Covent Garden Piazza.

SEPTEMBER

Chelsea Antiques Fair, Old Town Hall, King's Road, SW3.
Horseman's Sunday, Church of St. John & St. Michael, W2: ein Gottes-

Notting Hill Carnival

dienst für die Pferde; Vikar und Gemeinde zu Pferd.

OKTOBER

The Costermongers' Pearly Harvest Festival (am 1. Sonntag des Monats), Church of St. Martin-in-the-Fields, Trafalgar Square: Reichlich perlenbesetzte Kings und Queens der Cockney Gemeinde wohnen der Messe in ihren traditionellen Roben bei.
Judges Service: Das britische Justizjahr beginnt mit einer Prozession der Richter, von der Westminster Abbey bis zu den Houses of Parliament.
Horse of the Year Show, Wembley Arena.
Trafalgar Day Parade: gedenkt Nelsons Sieg bei Trafalgar.
Motor Show, Earl's Court.

NOVEMBER

London to Brighton Veteran Car Run: Ein Veteranenrennen, am 1. Sonntag, wobei Hunderte von Oldtimern gemütlich im Hyde Park starten.
Guy Fawkes Day (5.November): Feuerwerke feiern Guy Fawkes' mißglückten Versuch von 1605, das Parlament in die Luft zu jagen.
Remembrance Sunday (Sonntag um den 11. November): allgemeines Gedenken an die Kriegsopfer; mit einer Kranzniederlegung am Cenotaph, Whitehall.
State Opening of Parliament, House of Lords, Westminster: Die Königin eröffnet offiziell die Sitzungsperiode des Parlaments nach der Sommerpause.
Christmas Lights: Die Weihnachtsbeleuchtung wird in der Oxford und der Regent Street angeschaltet.

DEZEMBER

Olympia International Horse Show, Olympia Exhibition Centre.
Christmas Carol Services (Weihnachtsliedersingen), Trafalgar Square.
Silvester, Trafalgar Square: Tausende versammeln sich und begrüßen zur Mitternacht das neue Jahr.

Rechts: Guy Fawkes Night
Unten: Costermongers' Festival

Wissenswertes

REISEDATEN

Ankunft

Vom Flughafen Heathrow kommt man am besten mit der U-Bahn „Piccadilly Line" in die Stadtmitte. Die Fahrt dauert etwa 45 Minuten und kostet £3. Oder man nimmt den roten Doppeldecker Airbus Service des London Regional Transport, der täglich von 6.30 bis 22.15 Uhr alle halbe Stunde fährt. Diese Fahrt kostet £5. Der A1 Bus fährt über Earl's Court und Knightsbridge zur Victoria Station, der A2 Bus fährt über Marble Arch und Baker Street nach Russel Square. Informationen über die Flughafenbusse gibt es rund um die Uhr unter Tel.: 0181/8973305. Außerhalb der Hauptverkehrszeiten sind die Flughafenbusse schneller als die U-Bahn. Die Fahrt mit dem Taxi kostet etwa £30. Es ist die angenehmste Art das Zentrum zu erreichen.

Der Flughafen Gatwick ist durch den Gatwick Express (Zug) und einen Busservice mit der Stadt verbunden. Sowohl Bus

als auch Zug gehen von und zur Victoria Station. Der Zug fährt zwischen 5.30 und 22.00 Uhr alle 15 Minuten, zu den übrigen Zeiten jede Stunde. Er braucht etwas länger als eine halbe Stunde und kostet £8.90 einfach. Flightline 777 Busse fahren vom Nord- und vom Südterminal und sind in etwa 70 Minuten an der Victoria Station. Die einfache Fahrt mit dem Bus kostet £8.

Zum Flughafen Luton verkehrt ein regelmäßiger Zug. Er braucht etwas länger. Die Fahrt dauert rund 45 Minuten. Der Green Line757 Busservice braucht rund 70 Minuten zur Victoria Station.

Vom Flughafen Stansted verkehren regelmäßig Züge zur Liverpool Street Station. National Express bietet einen Busservice, der die Flughäfen Heathrow, Gatwick, Stansted und Luton untereinander sowie mit der Victoria Station verbindet. Informationen und Reservierungen über Tel.: 0171/7300202.

Der London City Airport liegt zwar nur zehn Kilometer von der City entfernt, ist aber dennoch schlecht zu erreichen. Taxis sind eine gute Transportmöglichkeit. Die Fahrt kostet ab £30 aufwärts. Die nächstgelegene U-Bahn-Station ist Plaistow. Unglücklicherweise wurde der River Bus Service, der den Flughafen mit der Stadt verband, eingestellt.

Flughafen-Informationen

Gatwick Airport, Tel.: 01293/535353
Heathrow Airport, Tel.: 0181/7594321
London City Airport, Tel.: 0171/4745555
Luton Airport, Tel.: 01582/405100
Stansted Airport, Tel.: 01279/680500

Paßbestimmungen

Für einen kurzen Aufenthalt in Großbritannien benötigen Europäer, Amerikaner (Nord und Süd), Südafrikaner, Japaner und die Bewohner vieler Commonwealth-Länder im allgemeinen kein Visum. Erkundigen Sie sich aber im Zweifelsfalle bei der englischen Botschaft in Ihrem Land.

Zoll

Reisende von Ländern außerhalb der EU, die nicht mehr als die folgenden Waren und Mengen einführen, dürfen durch den grünen Schalter (heißt „nothing-to declare channel") gehen: 1 Liter Alkohol oder 2 Liter Wein (plus zwei weitere Liter Wein, wenn kein anderer Alkohol eingeführt wird); 200 Zigaretten oder 100 Zigarillos oder 30 Zigarren oder 250g Tabak; 60cl Parfum oder 250cl Eau de Toilette; Geschenke oder andere Waren im Wert von maximal £32.

Es ist allgemein verboten, Tiere, Pflanzen, verderbliche Lebensmittel, bestimmte Medikamente, Waffen und obszöne Literatur einzuführen. Britische und ausländische Devisen dürfen in beliebiger Höhe eingeführt werden.

Klima

Im allgemeinen ist der Winter in London mild, Schnee oder Temperaturen unter dem Gefrierpunkt sind selten. In den Sommermonaten, besonders im Juli und August, kann das Thermometer bis auf 27 Grad Celsius klettern. Die Temperaturen können von Tag zu Tag stark schwanken. Während des ganzen Jahres muß man mit Schauern rechnen. Deshalb sollte ange-

messene Regenkleidung fester Bestandteil Ihres Gepäcks sein. Die Wettervorhersage erreichen Sie unter Tel.: 0891/141214.

Zeit

Die britische Sommerzeit (BST) beginnt im März (die Uhr wird eine Stunde vorgestellt) und endet im Oktober (die Uhr wird eine Stunde zurückgestellt). Normalzeit ist die Greenwich Meantime (GMT). Am Tag nach der Zeitumstellung kann es immer wieder zu peinlichen Zwischenfällen kommen, z.B. Ankunft oder Abfahrt ist eine Stunde früher oder später als angenommen. Die exakten Daten erfahren Sie aus den Zeitungen oder aus englischen Kalendern.

Feiertage

New Year's Day (Neujahrstag), **Good Friday** (Karfreitag), **Easter Monday** (Ostermontag), **May Day** (1. Montag im Mai), **Spring Bank Holiday** (letzter Montag im Mai), **August Bank Holiday** (letzter Montag im August), **Christmas Day, Boxing Day** (26. Dezember).

Netzspannung

Die Spannung beträgt 220–240 Volt, 50 Hertz Wechselstrom. Die meisten Hotels haben Stecker für 110 Volt Rasierapparate.

UNTERWEGS

Öffentliche Verkehrsmittel

Die Underground („Tube“ genannt) ist das schnellste Fortbewegungsmittel in London. Sie fährt zwischen 5.30 Uhr und Mitternacht. Zu den Stoßzeiten (8.00–9.30 Uhr und 17.00–18.30 Uhr) ist sie sehr voll. Sie müssen eine Fahrkarte lösen, die Sie auch nach dem Passieren der elektronischen Sperren aufbewahren, denn es ist nicht erlaubt, ohne gültigen Fahrausweis zu fahren. Rauchen ist verboten.

Die 1987 eröffnete Docklands Light Railway bietet ausgezeichnete Möglichkeiten, die wiederaufgebauten alten Docks zu besichtigen. Das voll automatisierte System erstreckt sich von Bank und Stratford zu den Island Gardens (auf der Isle of the Dogs). Da die Linien gerade erweitert werden, ist mit Verzögerungen zu rechnen.

Die Londoner Busse, alle an der Frontseite deutlich mit Nummer und Route gekennzeichnet, versorgen den Großraum London ausgezeichnet. Im Gegensatz zur U-Bahn fahren die Busse auch nach Mit-

ternacht noch zu bestimmten Zeiten. Knotenpunkt ist der Trafalgar Square.

Zeitkarten

Mit der Travelcard, einem Tagespaß, können Sie für £3,80 so oft Sie wollen das gesamte Netz der Tube, der Busse, der Dockland Railways und der British Rail Network South East benutzen. Die Travelcard gilt jedoch nur nach 9.30 Uhr an Wochentagen und an Wochenenden und Feiertagen. Sie ist an allen Station der U-Bahn und des Network South East erhältlich. Travelcards können für eine Woche (£31,20) oder einen Monat (£119,90) erstanden werden. Um eine Travelcard zu kaufen, brauchen Sie ein Paßfoto.

Taxis

Londons berühmte schwarze Taxen haben eine Lizenz und zeigen immer den jeweiligen Fahrpreis an. Bevor die Taxifahrer aber auf die Straßen dürfen, müssen sie in einer harten Prüfung „The Knowledge", ihr Wissen über die Straßen der Stadt, unter Beweis stellen. Die sogenannten Minicabs stehen nicht in direkter Konkurrenz mit den schwarzen Taxen, sondern müssen telefonisch von einem Kiosk aus bestellt werden. Vor Fahrtantritt sollten Sie einen Preis aushandeln.

Boote

Der Bootservice der Westminster Passenger Services Association zwischen Kew Gardens und Westminster Pier (flußaufwärts) ist eine gute Gelegenheit, einige Hauptattraktionen zu sehen. Flußabwärts verkehrt Catamaran Cruisers von der Charing Cross Pier nach Greenwich. Die Fahrpläne variieren je nach Jahreszeit, wobei die Strecke flußabwärts rund ums Jahr befahren wird (10.30–16.00 Uhr), die meisten Boote flußaufwärts jedoch nur von April bis Oktober verkehren. Es gibt Anlegestellen in Richmond, Kew, Putney, Westminster, Charing Cross, London Bridge, Tower und Greenwich. Beide Reedereien bieten neben dem Linienverkehr spezielle Rundfahrten, auch abends, an. Informationen dazu erhalten Sie unter Tel.: 0171/9304721 für Westminster und Tel.: 0171/8393572 für Catamaran.

Selbstfahrer

In Großbritannien fährt man links! Das Tempolimit liegt bei 30mp/h (50km/h) in den Ortschaften (soweit nicht anders angegeben), 60mp/h (96km/h) auf der Landstraße und 70mph (112km/h) auf den Autobahnen und den vierspurigen Bundesstraßen. Alkohol am Steuer ist strengstens verboten. Fahrer und Beifahrer müssen immer angeschnallt sein. An einem Zebrastreifen haben Fußgänger stets Vorrang.

Das Labyrinth an Einbahnstraßen, ungeduldige Fahrer, Staus und die endlose Suche nach einem Parkplatz machen Autofahren schnell zum Alptraum. Parkuhren sind etwas billiger als Parkhäuser, erlauben aber nur eine Höchstparkdauer von zwei Stunden. Lassen Sie Ihren Wagen nicht über die erlaubte Zeit stehen, und werfen Sie kein Geld nach. Beides kann Strafen um die £30 nach sich ziehen. An Werktagen nach 18.30 Uhr, in den meisten Straßen samstags nach 13.30 Uhr und den gesamten Sonntag darf man an den Parkuhren gebührenfrei parken. Trotzdem empfiehlt es sich, sicherheitshalber die Angaben an der Parkuhr aufmerksam zu studieren.

Lassen Sie Ihr Auto niemals auf einer doppelten gelben Linie oder auf einem Anwohnerparkplatz stehen! Die Polizei blockiert Ihre Räder oder schleppt Sie ab. Das kostet viel Geld und Nerven.

Mietwagen

Um in Großbritannien ein Auto zu mieten, müssen Sie 21 Jahre alt und seit mindestens einem Jahr im Besitz eines internationalen Führerscheins sein. Die Versicherung und eine unbeschränkte Kilometerzahl sind im allgemeinen im Mietpreis inbegriffen. Die Versicherung deckt jedoch Schäden am Wageninneren und an den Rädern nicht ab. Nur der Mieter ist als Fahrer versichert. Es lohnt sich, die Angebote zu studieren, denn viele Firmen bieten Sonderangebote für Wochenenden und Feiertage.

Verleihfirmen

Avis, Tel.: 0181/8488733
Europcar, Tel.: 01345/222525
Hertz Rent a Car, Tel.: 0181/6791799
Eurodollar, Tel.: 01895/233300

Tankstellen (24 Stunden)

Shell, 104 Bayswater Road, W2
Texaco, 71 King's Cross Road, W1
Mobil, 83 Park Lane, W1

BP, 104 Finchley Road, NW3
Esso, 87 Goldhawk Road, W12

Parkhäuser (24 Stunden)

Park Lane, W1 (größtes in der Innenstadt)
Brewer Street, W1
Newport Place, WC1
Upper St. Martin's Lane, WC2

Pannendienst (24 Stunden)

AA, Tel.: 0800/887766
RAC, Tel.: 0800/828282
National Breakdown, Tel.: 0800/400600

TOURISTEN-INFORMATION

Das offizielle Verkehrsamt ist das London Tourist Board (LTB). Folgende Informationsbüros des LTB geben Auskunft, reservieren Hotelzimmer, besorgen Theaterkarten und buchen Stadtrundfahrten: Victoria Station, Heathrow Terminals 1,2,3 (Station Concourse), Selfridges und Liverpool Street Station. Vorabinformationen erhalten Sie vom London Tourist Board, 26 Grosvenor Gardens, Victoria, London SW1W 0DU.

Theaterkarten können Sie auch bereits von Deutschland buchen: English Tourist Board, Thames Tower, Black's Road, London W6 9EL, Tel.: 0181/8469000.

London Regional Transport unterhält Informationszentren in folgenden U-Bahn-Stationen: Victoria, Piccadilly Circus, Oxford Circus, Euston und King's Cross.

British Travel Centre, 12 Regent Street, W1, gibt Reiseinformationen, einschließlich Hotels, Unterhaltung und Sehenswürdigkeiten und bietet einen Buchungsservice. Geöffnet von 9.00–18.30 Uhr Montag–Freitag, 10.00–16.00 Uhr Samstag und Sonntag.

Informationsstellen im Ausland

British Tourist Authority, Neue Mainzer Straße 22, D-60311 Frankfurt/Main; Limmatquai 78, CH-8001 Zürich
Britische Fremdenverkehrswerbung, Wiedener Hauptstr. 5–8, A-1040 Wien

Telefonische Information

London Tourist Board, Tel.: 0891/505440
London Regional Transport (24 Stunden), Tel.: 0171/2221234
River Information, Tel.: 0839/123432
Artsline, Kunstinformationen für Behinderte, Tel.: 0171/3882227
National Trust, Tel.: 0171/2229251
Events for children in London, Tel.: 0591/505456
Sportsline, Tel.: 0891/505442

GELDFRAGEN

Banken sind montags bis freitags von 9.30–16.00 bzw. 16.30 Uhr geöffnet, einige auch Samstag morgens. Die größten englischen Banken (Lloyds, Barclays, Midland, National Westminster) findet man in den meisten Geschäftsstraßen. Die Einlösung von den £-Reiseschecks ist gebührenfrei. Gebühren fallen dann an, wenn Bargeld einer Währung in Bargeld einer anderen Währung umgetauscht oder wenn Bargeld auf eine Kreditkarte ausgezahlt werden soll. An manchen Geldautomaten

bekommen Sie Bargeld mit Ihrer Kreditkarte oder mit der entsprechenden Bankkarte.

Reisebüros wie Thomas Cook und größere Kaufhäuser wechseln auch Geld. Über ganz London verteilt gibt es Wechselstuben, die man aber besser vermeidet, da sie manchmal dem unwissenden Touristen das Fell über die Ohren ziehen. Wenn Sie eine Wechselstube in Anspruch nehmen müssen, versichern Sie sich, daß ein LTB-Aufkleber lautere Geschäftspraktiken verspricht. Sie unterhält Filialen in den U-Bahn-Stationen Piccadilly Circus, Leicester Square, Marbel Arch, Bayswater und Victoria, die 24 Stunden geöffnet sind.

Internationale Kreditkarten werden in den meisten Kaufhäusern, Hotels und Restaurants akzeptiert, dennoch sollten Sie auf Ausnahmen dieser Regel achten. Eurocheques finden in der letzten Zeit immer weitere Verbreitung.

Kreditkarten-Büros: **American Express,** 6 Haymarket, SW1Y 4BS; **Visa,** National Westminster Band, 41 Lothbury, EC2P 2BP

Trinkgeld

Guter Service in Restaurants und Hotels, von Taxifahrern, Friseuren, Gepäckträgern und Stadtführern sollte man mit mindestens zehn Prozent Trinkgeld versehen. Bei anderen Dienstleistungen ist Trinkgeld unter Umständen eine Beleidigung. Man gibt weder in den Bars, Pubs, Theatern noch in Kinos ein Trinkgeld. Hotels und Restaurants können 10–15 Prozent Bedienung auf die Rechnung aufschlagen, was jedoch auf der Speisekarte angegeben werden muß. Sind Sie aus guten Gründen mit dem Service nicht zufrieden, können Sie diesen Aufschlag jedoch ablehnen.

Geschäftszeiten

Geschäfts- und Bürostunden sind in London normalerweise von 9.00–17.30 Uhr, Montag bis Samstag. Im Zentrum sind die Läden im allgemeinen auch über Mittag, manche, besonders um Covent Garden und Piccadilly Circus, auch noch nach halb sechs geöffnet. Nur ganz wenige Geschäfte sind an Sonntagen auf. In der Oxford und der Regent Street kann man donnerstags und in Knightsbridge und Kensington mittwochs bis 20.00 Uhr einkaufen.

KOMMUNIKATION

Telefon

In den letzten Jahren haben die Londoner zahlreiche Veränderungen im Telefonservice erlebt, wie das traurige Ende der berühmten roten Telefonzellen, die durch moderne Glas- und Stahlkonstruktionen ersetzt wurden. Es gibt jetzt zwei Telefongesellschaften: die British Telecom (BT) und Mercury. BT unterhält sowohl normale Münzfernsprecher als auch solche, die für Telefon- und Kreditkarten geeignet sind. Telefonkarten bekommt man für £1–20 auf Postämtern und an Zeitungsständen.

Aufgepaßt: Seit April 1995 gelten in England neue Vorwahlnummern. Allgemein wird hinter der 0 eine 1 eingefügt, so daß für London folgende Vorwahl gilt: 0171 (zuvor 071).

Auslandsgespräche

Auslandsgespräche werden direkt vermittelt, indem man die 010 wählt, dann die Landeskennziffer, dann die Nummer. Landeskennziffern erhalten Sie über den International Operator unter 155. Einen „collect call (reverse charge)“, bei dem der Angerufene die Gebühr bezahlt oder bei dem Sie Ihre Kreditkarte zu Hause belasten, melden Sie ebenfalls bei der 155 an. Die Internationale Auskunft erreichen Sie unter 154, die Telegrammaufgabe unter 193.

Wichtige Telefonnummern

Emergency (Notfall): Polizei, Feuerwehr, Krankenwagen: 999
Operator (Vermittlung): 100
Directory Enquiries (Auskunft), GB außerhalb London: 192
The Speaking Clock (telefonische Zeitansage): 123

Post

Postämter sind Montag–Freitag 9.00–17.00 Uhr und Samstag 9.00–12.00 Uhr geöffnet. Briefmarken erhalten Sie am Postschalter, am Automaten vor der Post und bei einigen Zeitungskiosken. Ein Brief innerhalb Großbritanniens kostet 25p, eine Postkarte in EU-Länder ebenfalls 25p, in andere europäische Länder 30p und in die übrige Welt 41p.

Das Hauptpostamt London befindet sich an der Ostseite des Trafalgar Square, gleich in der Nähe der Kirche St. Martin-in-the-Fields. Es ist Montag–Samstag 8.00–20.00 Uhr geöffnet.

GESUNDHEIT UND NOTFÄLLE

Im Notfall erreichen Sie über die 999 die Feuerwehr, die Polizei oder einen Krankenwagen. Außerdem erhalten Sie über die Auskunft (192) die Nummer der nächsten Polizeiwache, Krankenhaus-Notfallaufnahme oder Ihrer Botschaft in London. Wenn Sie nicht aus einem EU-Land kommen oder Ihr Heimatland keine entsprechenden Vereinbarungen mit England getroffen hat, müssen Sie anfallende Arzt- und Krankenhauskosten selbst tragen.

Das Great Chapel Street Medical Centre (13 Great Chapel Street, W1, Tel.: 0171/4379360) ist ein Krankenhaus des National Health Service. Von Montag bis Freitag nachmittag werden Patienten auch ohne Anmeldung behandelt.

Emergency dental care (Zahnärztlicher Notfalldienst), Tel.: 0181/6776363 oder **Eastman's Dental Hospital,** Tel.: 0171/9151000.

Apotheken: Bei Boots, einer großen Apothekenkette mit zahlreichen Filialen in ganz London, erhalten Sie Medikamente gegen Rezept. Die Filiale in 114 Queensway, W2, ist bis 22.00 Uhr geöffnet, während Bliss Chemist am Marbel Arch bis 24.00 Uhr zur Verfügung steht.

FUNDSACHEN

Wenn man Gegenstände in der U-Bahn oder im Bus verloren hat, wendet man sich an das London Transport Lost Property Office, 200 Baker Street, NW1, Tel.: 0171/4862496, 9.30–14.00 Uhr, Montag–Freitag. Wenn Sie etwas in einem Taxi vergessen haben, erkundigen Sie sich im Taxi Lost Property Office, 15 Penton Street, N1, Tel.: 0171/8330996, 9.00–16.00 Uhr, Montag–Freitag.

Gepäckaufbewahrung

In den meisten Bahnhöfen der British Rail (BR) gibt es entweder eine kurzzeitige Gepäckaufbewahrung und/oder Schließfächer, in denen Sie Ihre Koffer 24 Stunden verstauen können. Die Gepäckaufbewahrungen öffnen gegen 7.00 Uhr und schließen um 22.30 Uhr, außer in Euston (rund um die Uhr geöffnet). In Paddington sind keine derartigen Einrichtungen.

MEDIEN

Zeitungen

Die besseren überregionalen Zeitungen sind *The Times* und *Daily Telegraph, The Guardian* und *The Independent.* Außerdem

gibt es die *Financial Times* und *The European.* An Boulevardblättern unterhalten Sie *The Sun, The Star* und *The Mirror* mit dem neuesten Klatsch. Etwas besser, aber immer noch schlecht sind *Daily Mail, Daily Express* und *Today.* Einen ausführlichen Veranstaltungskalender für London enthalten die Wochenblätter *Time Out* und *City Limits,* die jeden Mittwoch erscheinen. Die Lokalzeitung ist der *Evening Standard,* der an Wochentagen nachmittags herauskommt. Obwohl auch er die wichtigsten internationalen Nachrichten bringt, spezialisiert er sich doch auf die lokalen Ereignisse und Informationen. Er hat auch einen sehr ausführlichen Kleinanzeigenteil.

Ausländische Zeitungen und Zeitschriften erhalten Sie an folgenden Zeitungsständen:

John Menzies, 104 Long Acre, WC2
Capital Newsagent, 48 Old Compton Street, W1
A. Moroni & Son, 68 Old Compton Street, W1
Selfridges, Oxford Street, W1
WH Smiths, zahlreiche größere Filialen im Stadtkern und auf vielen Bahnhöfen

Fernsehen

England hat vier große Fernsehstationen, BBC1, BBC2, ITV und CHANNEL 4, die wohl einige der besten Fernsehsendungen der Welt machen. Mit dem aufkommenden Kabel- und Satellitenfernsehen wird sich allerdings, pessimistischen Schätzungen zufolge, die Fernsehlandschaft in Großbritannien zugunsten von Kommerz- und Massenprogrammen grundlegend verändern. Seifenopern, Quizshows und Komödien werden den Fernsehalltag bestimmen. Die zwei Kanäle der British Broadcasting Corporation (BBC1&2) sind nicht auf Werbeeinnahmen angewiesen wie die unabhängigen Kanäle ITV und CHANNEL 4. BBC2 sendet mehr Kultur und „ernstere“ Programme als BBC1; CHANNEL 4 ist flotter und innovativer als ITV und hat auch Filme und Beiträge zu Spezialthemen im Programm.

In den letzten Jahren sieht man immer mehr Satellitenempfänger in den Vorgärten Großbritanniens, d.h. TV-Süchtige können sich rund um die Uhr mit Nachrichten, Filmen, Musik und Sport berieseln lassen. Noch mehr Kanäle sind über Kabel-TV zu empfangen.

Radio

Seit ein paar Jahren gibt es viele unabhängige Radiosender, aber die BBC-Kanäle beherrschen immer noch die Wellen.
Radio 1, 98,8mHz (UKW): rund um die Uhr Pop
Radio 2, 89,2mHz (UKW): seichte Unterhaltungsmusik
Radio 3, 91,3mHz (UKW): Klassik
Radio 4, 93,5mHz (UKW): Nachrichten und Verbraucherinformationen
Radio 5, 909mHz (MW): Sport und Nachrichten
GLR (Greater London Radio), 94,9mHz (UKW): anspruchsvolle Unterhaltung
Capital Radio, 95,8mHz (UKW): rund um die Uhr moderne Musik
Capital Gold, 1548mHz (MW): rund um die Uhr Oldies
London Newstalk, 97,3mHz (UKW): Nachrichten und Talk-Shows
JFM, 102,2mHz (UKW): rund um die Uhr Jazz
Kiss FM, 100mHz: 24 Stunden Tanzmusik

UNTERKUNFT

Hotels in London sind teuer. Allgemein ist der Preis für eine Übernachtung höher als in jeder anderen europäischen Stadt, wobei teuer nicht automatisch auch gut bedeutet. Es empfiehlt sich deshalb sehr, auf das Qualitätssiegel des LTB zu achten, das einen bestimmten Standard garantiert, und sich die Zimmer vor der endgültigen Entscheidung persönlich anzuschauen. 17,5 Prozent Steuern und Bedienung sind normalerweise im Preis inbegriffen, der deutlich auf einer Preisliste angegeben sein muß. Allenfalls zusätzliche Trinkgelder stehen im Ermessen des Gastes.

In der Hochsaison (von April bis September) sollte man im voraus buchen. Das London Tourist Board nimmt in seinen Informationszentren oder telefonisch (Tel.: 0171/8248844, nur Kreditkarte) Reservierungen entgegen.

Die angegebenen Hotels liegen zentral und wurden wegen ihrer englischen Gastfreundschaft, ihrem individuellen Charakter oder ihrer Lage ausgewählt. Victoria, Knightsbridge, Earls Court, Bayswater und Bloomsbury sind die besten Viertel für preisgünstige Bed&Breakfast Pensionen. Viele der preiswerteren Hotels haben kein Restaurant, einige jedoch bieten Zimmerservice. Für einen Nachmittagstee oder einen Cocktail empfehlen sich die vornehmeren Hotels.

Manche Hotels kümmern sich um Babysitter oder um Reservierungen für Theater oder Restaurants. Die besseren Hotels sind auf die Bedürfnisse der Geschäftsleute besser eingerichtet und stellen Konferenzräume, Faxmaschinen und Fotokopierer zur Verfügung. Spezielle Wochenendpreise, je nach Saison sogar mit Extras wie Stadtführungen und Champagner, sind auch in den vornehmen Hotels wie dem Ritz oder dem Savoy gang und gäbe.

Die angegebenen Preise beziehen sich auf ein Doppelzimmer inklusive Steuer. Frühstück wird extra berechnet.

Luxus (über £150)

The Basil Street Hotel
Knightsbridge, SW3
Tel.: 0171/5813311, Fax: 0171/5813693
Behagliches Hotel mit englischem Landcharme und Charakter. Die Zimmer sind in traditionellem Komfort eingerichtet. Weibliche Gäste können dem Parrot Club beitreten. Ausgezeichneter Service. 94 Zimmer. *£175.*

The Beaufort
33 Beaufort Gardens, SW3
Tel.: 0171/5845252, Fax: 0171/5892834
Das kleine und nette Hotel an einem eleganten Square in Knightsbridge bemüht sich sehr, seinem guten Ruf gerecht zu werden. Die Gäste erhalten einen Schlüssel für die Eingangstür und dürfen sich gerne an Getränken und Imbissen (Zimmerservice) bedienen, die im Preis inbegriffen sind. Die Zimmer haben alle individuelle Atmosphäre, zu der auch die Karaffe mit Cognac, Schokolade, Obst und Blumen, ja sogar ein Schirm gehören. *£160.*

Brown's
Dover Street, W1
Tel.: 0171/4936020, Fax: 0171/4939381
James Brown, der Diener von Lord Byron, hat anno 1837 dieses ausgezeichnete Hotel in Mayfair eröffnet, das sich inzwischen auf 14 benachbarte georgianische Häuser ausgebreitet hat. Das Hotel ist für seinen tadellosen Service und seine klassische Landhausatmosphäre berühmt. 120 Zimmer. *£230.*

The Berkeley
Wilton Place, SW1
Tel.: 0171/2356000, Fax: 0171/2354330
Das Luxushotel in Knightsbridge gehört zu den besten im Land. Teile der Ausstattung stammen aus dem alten Berkeley am Piccadilly Square. Die Zimmer sind bequem eingerichtet, manche haben einen Balkon. Im Penthouse befinden sich ein Pool im Stile eines römischen Bades, ein Fitneßraum und eine Sauna. *£295.*

Blakes
33 Roland Gardens, SW7
Tel.: 0171/3706701, Fax: 0171/3730442
Ein Hotel mit origineller Ausstattung, das bei Gästen aus dem Showbusiness beliebt ist. Von der Schauspielerin Anouska Hempel erdacht, erinnert das witzige Hotel sehr stark an die 70er Jahre. 52 Zimmer. *£155.*

The Capital
Basil Street, SW3,
Tel.: 0171/5895171, Fax: 0171/2250011
Ein kleines Townhouse-Hotel im Herzen von Knightsbridge. Komfortabel mit aufmerksamem Service. Das französische Restaurant des Hotels hat einen Michelin-Stern. Die 54 Zimmer sind geschmackvoll eingerichtet. *£231.*

The Goring
15 Beeston Place, SW1
Tel.: 0171/3699000, Fax: 0171/8344393

Das elegante Hotel gleich hinter dem Buckingham Palace wird seit 1910 von der Familie Goring geleitet. Damals war es das erste Hotel der Welt mit Bad und Zentralheizung in jedem Zimmer. 86 Zimmer mit vornehmer Einrichtung. *£182.*

THE RITZ
Piccadilly, W1
Tel.: 0171/4938181, Fax: 0171/4932687
Opulentes Hotel, das in schiere Dekadenz ausartet. Sein Name ist in der ganzen Welt ein Synonym für Stil und Eleganz. *£223.*

Teuer (bis £150)

THE ABBEY COURT
20 Pembridge Gardens, W2
Tel.: 0171/2217518, Fax: 0171/7920858
Empfehlenswertes Bed & Breakfast Hotel in renoviertem Townhouse. Die Zimmer sind im englischen Landhausstil eingerichtet, zu allen gehört ein Badezimmer mit Whirlpool und viel italienischem Marmor. 22 Zimmer. *£120.*

THE CADOGAN
Sloane Street, SW1
Tel.: 0171/2357141, Fax: 0171/2450994
In diesem noblen edwardianischen Haus lebte einst Schauspielerin und Salonlöwin Lillie Langtry. Traditionelle Eleganz wurde aufs glücklichste mit modernem Komfort verbunden. Die Zimmer sind jeweils individuell und zurückhaltend-klassisch eingerichtet. *£155.*

HAZLITT'S
6 Frith Street, W1
Tel.: 0171/4341771, Fax: 0171/4391524
Dieses durchaus charaktervolle Hotel erstreckt sich insgesamt über drei Townhouses aus dem 18. Jahrhundert in Soho. 23 Zimmer, alle mit Bad und einer klassischen Einrichtung. Antiquitäten, Grünpflanzen und viktorianische Armaturen schaffen viel Atmosphäre. Eine frühzeitige Reservierung ist unerläßlich. *£152.*

PORTOBELLO HOTEL
22 Stanley Gardens, W11
Tel.: 0171/7272777, Fax: 0171/7929641
Dieses etwas exzentrische, viktorianisch eingerichtete Hotel liegt ganz in der Nähe des Portobello-Antiquitätenmarktes. Die 25 Zimmer, alle mit Bad, reichen von einer winzigen Kammer bis zu einer außergewöhnlichen Suite wie die „Round Suite" (mit einem runden Bett). Auch Himmelbetten. Inklusive Frühstück. *£130.*

THE RUBENS
Buckingham Palace Road, Victoria, SW1
Tel.: 0171/8346600, Fax: 0171/8285401
Dieses ideal gelegene Hotel, gleich gegenüber den Royal Mews und in der Nähe des Buckingham Palace wurde erst vor kurzer Zeit restauriert. Leichte Pastelltöne und eine sehr elegante Einrichtung vervollständigen den erstklassigen Service. 189 Zimmer. *£129.*

TOWER THISTLE HOTEL
St. Katherine's Way, E1
Tel.: 0171/4812575, Fax: 0171/4884106
Der fehlende Charme dieses großen modernen Hotels wird durch seine atemberaubende Lage am Themseufer wettgemacht. Es ist vom Tower, der Tower Bridge und dem St. Katherine's Dock umgeben, auch die City ist nicht weit. Es bietet die Ausstattung eines 4-Sterne-Hotels. Mit 808 Zimmern. *£144.*

Mittlere Preislage (bis £100)

THE ACADEMY HOTEL
17–21 Gower Street, WC1
Tel.: 0171/6314115, Fax: 0171/6363442
Die beiden umgebauten georgianischen Townhouses liegen im Herzen des literarischen Bloomsbury. Das Speisezimmer ist modern, während die Zimmer traditionell gehalten sind. Garten. 33 Zimmer, die meisten mit Bad. *£103.*

THE CLAVERLEY
13–14 Beaufort Gardens, SW3,
Tel.: 0171/5898541, Fax: 0171/5843410
Das sehr angesehene Bed & Breakfast Hotel in Knightsbridge bietet traditionelle englische Gastfreundschaft mit Laura Ashley Stoffen und ledernen Chesterfield Sofas. 30 individuell eingerichtete Zimmer, viele mit Bad, einige mit Himmelbett. *£95.*

THE COBURG
Bayswater Road, W2
Tel.: 0171/2212217, Fax: 0171/2290557
Als Luxushotel konzipiertes edwardianisches Gebäude mit Blick auf den Kensington Palace und Park. In ruhiger und

komfortabler Atmosphäre mit edler Ausstattung. 132 Zimmer. *£85.*

Durrants Hotel
George Street, W1
Tel.: 0171/9358131, Fax: 0171/4873510
Dieses dezente Hotel in Familienhand ist in guter Lage gleich nördlich der Oxford Street. Beeindruckend ist die Holztäfelung der öffentlichen Räume; die Zimmer selbst sind uninteressant, aber bequem eingerichtet. Preisgünstig im Vergleich zu anderen Hotels des Viertels. 96 Zimmer. *£100.*

Elizabeth Hotel
37 Eccleston Square, SW1
Tel.: 0171/8286812
Kleines und freundliches Privathotel an einem eleganten Square in der Nähe von Victoria. Tennisplatz und Garten für Gäste. 40 Zimmer (32 mit Bad). *£70.*

Fielding Hotel
4 Broad Court, Bow Street WC2
Tel.: 071/8368305, Fax: 0171/4970064
Covent Garden Hotel in ruhiger Lage am Royal Opera House. Klein und etwas heruntergekommen, doch in toller Lage und preiswert. 26 Zimmer (die meisten mit Bad). Inklusive Frühstück. *£73.*

Wilbraham Hotel
Wilbraham Place, SW1
Tel.: 0171/7308296, Fax: 0171/7306815
Sehr ansprechend ist der altmodische und ausgesprochen englische Charme dieses Privathotels im exklusiven Belgravia. Gutes Preis-Leistungs-Verhältnis und ideal gelegen in der Nähe von Knightsbridge und Chelsea. 50 Zimmer, fast alle mit Bad. Keine Kreditkarten. *£70.*

The Willett
32 Sloane Gardens, Sloane Square, SW1
Tel.: 0171/8248415, Fax: 0171/7304830
Das kleine, elegante Hotel am beliebten Sloane Square wurde modernisiert und geschmackvoll eingerichtet. Alle 19 Zimmer haben ein Bad. *£91.*

Untere Preislage (bis £60)

Abbey House
11 Vicarage Gate, W8
Tel.: 0171/7272594
Ein angenehmes und preiswertes Bed & Breakfast Hotel in einer netten Wohnstraße in Kensington. Einfache Einrichtung, aber gepflegt. Das Hotel wird jedes Jahr renoviert. Mit 15 Zimmern. Keine Kreditkarten. Inklusive Frühstück. *£55.*

Eward Lear Hotel
28–30 Seymour Street, W1
Tel.: 0171/4025401, Fax: 0171/7063766
In diesem georgianischen Haus am Marble Arch wohnte einst der bekannte Maler und Schriftsteller Edward Lear. Geschmackvoll renoviert, komfortabel und modern. Mit 31 Zimmern. Inklusive Frühstück. *£50.*

NÜTZLICHE ADRESSEN

Konsulate

Deutschland: 23 Belgrave Sqaure SW1, Tel.: 0171/2355033

Österreich: 18 Belgrave Mews SWEX8HO, Tel.: 0171/2357151

Schweiz: 16–18 Montagu Place, W1H2BO, Tel.: 0171/7230701

Register

H, I

J, K

L

M

N

O, P

Q, R

S

T, V

W–Z

Visuelle Beiträge

Fotografie	Robert Mort und
Seiten 92(U)	Andrew Eames
70(O)	Mit freundlicher Genehmigung von Harrods
12, 14	Mit freundlicher Genehmigung des Museum of London
20, 52, 83(O), 92(O)	Richard T Nowitz
Titel, 45, 66(U), 93	Spectrum Colour Library
18, 92(O)	Tony Stone Worldwide
46	Mit freundlicher Genehmigung der Tate Gallery
50(U), 70(U), 91	Adam Woolfitt
Electronic Publishing	Johannes Kojer
Handschriften	V. Barl
Karten	Berndtson & Berndtson

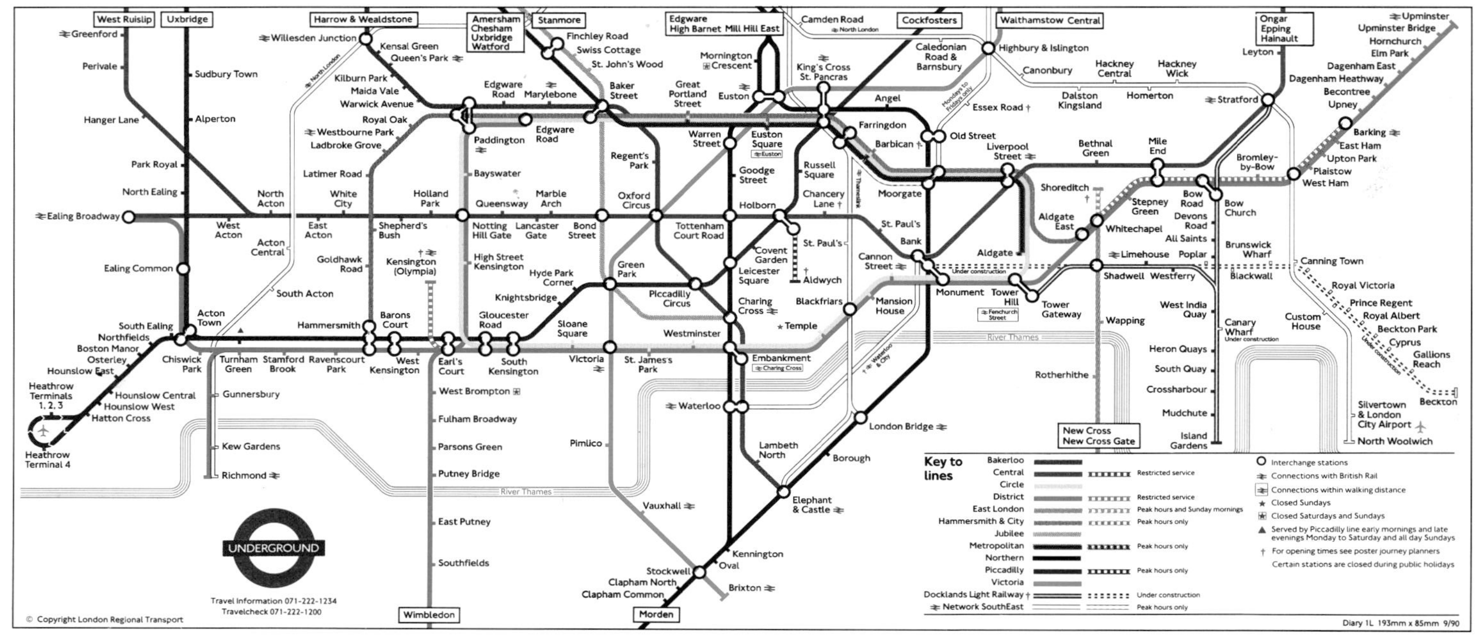
West Ruislip
Uxbridge
Harrow & Wealdstone
Amersham Chesham Uxbridge Watford
Stanmore
Edgware High Barnet Mill Hill East
Camden Road
Cockfosters
Walthamstow Central
Ongar Epping Hainault
Upminster
Upminster Bridge
Hornchurch
Elm Park
Dagenham East
Dagenham Heathway
Becontree
Upney
Barking
East Ham
Upton Park
Plaistow
West Ham
Greenford
Perivale
Hanger Lane
Park Royal
North Ealing
Ealing Broadway
Ealing Common
Sudbury Town
Alperton
Willesden Junction
North London
Kensal Green
Queen's Park
Kilburn Park
Maida Vale
Warwick Avenue
Royal Oak
Westbourne Park
Ladbroke Grove
Latimer Road
White City
North Acton
West Acton
Acton Central
East Acton
South Acton
Holland Park
Shepherd's Bush
Goldhawk Road
Kensington (Olympia)
Finchley Road
Swiss Cottage
St. John's Wood
Edgware Road
Marylebone
Baker Street
Paddington
Bayswater
Queensway
Notting Hill Gate
High Street Kensington
Marble Arch
Lancaster Gate
Bond Street
Hyde Park Corner
Knightsbridge
Great Portland Street
Regent's Park
Oxford Circus
Tottenham Court Road
Mornington Crescent
Euston
Warren Street
Euston Square
Goodge Street
Holborn
King's Cross St. Pancras
Caledonian Road & Barnsbury
Highbury & Islington
Canonbury
Hackney Central
Hackney Wick
Dalston Kingsland
Homerton
Stratford
Leyton
Angel
Mondays to Fridays only
Essex Road
Farringdon
Barbican
Old Street
Liverpool Street
Moorgate
Thameslink
Russell Square
Chancery Lane
St. Paul's
Bank
Bethnal Green
Mile End
Bromley-by-Bow
Shoreditch
Stepney Green
Bow Road
Bow Church
Aldgate East
Whitechapel
Devons Road
All Saints
Poplar
Brunswick Wharf
Blackwall
Canning Town
Royal Victoria
Prince Regent
Royal Albert
Beckton Park
Cyprus
Gallions Reach
Beckton
Under construction
Limehouse
Shadwell
Westferry
Aldgate
Monument
Tower Hill
Fenchurch Street
Tower Gateway
Cannon Street
Mansion House
Covent Garden
Leicester Square
Aldwych
Green Park
Piccadilly Circus
Charing Cross
Blackfriars
Temple
Embankment
Westminster
St. James's Park
Victoria
Sloane Square
Gloucester Road
South Kensington
Acton Town
South Ealing
Northfields
Boston Manor
Osterley
Hounslow East
Hounslow Central
Hounslow West
Hatton Cross
Heathrow Terminals 1, 2, 3
Heathrow Terminal 4
Chiswick Park
Turnham Green
Stamford Brook
Ravenscourt Park
Hammersmith
Barons Court
West Kensington
Earl's Court
Gunnersbury
Kew Gardens
Richmond
West Brompton
Fulham Broadway
Parsons Green
Putney Bridge
East Putney
Southfields
Wimbledon
Pimlico
Vauxhall
Waterloo
Waterloo & City
Lambeth North
Elephant & Castle
Borough
London Bridge
Kennington
Oval
Stockwell
Clapham North
Clapham Common
Brixton
Morden
Wapping
Rotherhithe
New Cross New Cross Gate
West India Quay
Canary Wharf
Heron Quays
South Quay
Crossharbour
Mudchute
Island Gardens
Custom House
Silvertown & London City Airport
North Woolwich
River Thames
UNDERGROUND
Travel Information 071-222-1234
Travelcheck 071-222-1200
© Copyright London Regional Transport
Key to lines
Bakerloo
Central
Circle
District
East London
Hammersmith & City
Jubilee
Metropolitan
Northern
Piccadilly
Victoria
Docklands Light Railway †
Network SouthEast
Restricted service
Restricted service
Peak hours and Sunday mornings
Peak hours only
Peak hours only
Peak hours only
Under construction
Peak hours only
Interchange stations
Connections with British Rail
Connections within walking distance
Closed Sundays
Closed Saturdays and Sundays
Served by Piccadilly line early mornings and late evenings Monday to Saturday and all day Sundays
For opening times see poster journey planners
Certain stations are closed during public holidays
Diary 1L 193mm x 85mm 9/90